WIN
IN
NEGOTIATION

赢在谈判

王　珞◎著

天津出版传媒集团
天津人民出版社

图书在版编目（CIP）数据

赢在谈判 / 王珞著 . -- 天津 : 天津人民出版社 , 2018.2（2023.2 重印）

ISBN 978-7-201-12945-7

Ⅰ . ①赢… Ⅱ . ①王… Ⅲ . ①商务谈判 Ⅳ . ① F715.4

中国版本图书馆 CIP 数据核字 (2018) 第 040401 号

赢在谈判

YINGZAI TANPAN

王珞　著

出　　版　天津人民出版社
出 版 人　黄　沛
地　　址　天津市和平区西康路 35 号康岳大厦
邮政编码　300051
邮购电话　（010）84827588
网　　址　http://www.tjrmcbs.com
电子信箱　tjrmcbs@126.com

总 策 划　刘志则
责任编辑　郭晓雪
策划编辑　刘　操　李晓静
封面设计　张合涛
版式设计　石凯辉

制版印刷　艺堂印刷（天津）有限公司
经　　销　新华书店
开　　本　710mm × 1000mm　1/16
印　　张　17
字　　数　231 千字
版次印次　2018 年 2 月第 1 版　2023 年 2 月第 4 次印刷
书　　号　978-7-201-12945-7
定　　价　58.00 元

RECOMMENDED ORDER

推荐序

你谈判过吗?

我谈过，还谈过不少项目。在亚洲开发银行工作时，我们经常要参加各种技术援助谈判、贷款谈判、项目执行谈判，等等。后来回到国内机构工作，正式的谈判工作也就不太多了。但在日常工作中，以及与众多机构的合作中，还是会自觉或不自觉地运用过去所学的谈判技巧。近年来，我将部分时间投入到了公益领域，没想到运用谈判的机会更多了。因为做公益就要跟政府部门合作，跟企业合作，跟贫困人群合作，要合作就要签协议，自然也要谈判。当然，这些谈判与商业上的谈判还是有很大不同的。

无巧不成书，最近，本书作者，也是我多年的好朋友王珞先生邀请我品读他的书稿清样，认真阅读之后，我对书中的观点深以为然，这也让我重拾了往昔与谈判有关的种种。一番探讨过后，王珞先生邀我为本书做个序，深思熟虑后我提起了笔。

我想这本书是被读者需要的，现在市面上充斥着各种“谈判大全”、“谈判秘籍”，可真正有理论依据和实践依据的少之又少，对读者有裨益的也是微乎甚微，而《赢在谈判》这本书有着最新的经济学理论指导和多学科的知识混搭，不时还来段小故事，读起来有味道，品起来有内容。

王珞先生本身学富五车，又在学界、企业界、中资、外资、多行业和多领域中“混”过，而且都“混”出了不小的成就，各种知识、各界趣闻信手拈来，在书中皆成文章。

我看这本书，最受启发的是对不确定性的分析。书中开宗明义地区分了“不确定性”和“风险”这两个一般人极易混淆的概念。风险，是指人们不但知道会发生的事件，还知道事件发生的可能性有多大；不确定性，是指不知道会发生什么，更不知道发生的概率。经济、社会、科技迅速变化的今天，恐怕也是人类历史上不确定性最大的时期了。面对一个我们所不熟知的不确定世界、一个充满着变数的经商环境、一些行为不确定性的竞争对手，企业战略应如何选择，谈判又要如何进行？书中支了不少有用的高招。比如，其中介绍的维克瑞拍卖(无概率次高价竞标)模式，逼着投标的各方不得不披露自己的真实信息，真可谓神来之笔。面对我国招投标中的乱象，这么好的模式真应该在实践中更好地运用才是。

书中提到最多的经济学理论是杨小凯的超边际分析。杨小凯先生曾经是我的同事，更是我在数理经济学方面的启蒙老师。我与杨小凯先生的相识是我在武汉大学工作的时侯。1982 年我与爱人左小蕾从武汉大学数学系毕业后留在武大经济管理系当助教。杨小凯先生是当时的武大校长刘道玉专门从北京请来的杰出人才。尽管杨小凯并未接受过大学教育，但当时在经济学界已经小有名气。刘校长爱惜人才，力排众议后终让他踏上了武大经济管理系的讲台。很荣幸，我和左小蕾跟杨小凯都在同一个教研室工作。在他的指导下我开始了数理经济学的学习，后来我们还一起发表过一些文章。再之后，他到美国普林斯顿大学学习，我和爱人在美国伊利诺伊大学深造，我们还参加了他与几个留美学生创建的留美经济学会，联系从未断过。

说起来，杨小凯先生是中国留学生中最有希望拿到诺贝尔经济学奖的人，遗憾的是天妒英才，英年早逝。但庆幸的是他留下的一系列经济学巨著，包括超边际分析理论等还在经济学界中广泛传播，人们仍可读到这些有价值的文字。作为杨小凯的得意门生，王珞先生在这本书中把超边际分析在“谈判”等领域中加以灵活应用，如此应是对杨小凯先生最情真意切的缅怀。

我这里借用一个关于决策的轶事结束我的序言。这个轶事说的是如何测试一个小男孩的辨数能力。事由的起因是有人拿出两枚硬币，让小男孩从中任挑一枚收下。结果，小男孩选择了一枚小面值的硬币。消息传开，众人不信。于是，接二连三有人用同样的方法来重复这种测验。但每一次，小男孩都是毫不犹豫选择了小面值的硬币。

小男孩的行为引发了一时的热论，有的经济学家认为，该行为是违背了“效用最大化”原理的非理性行为。有的心理学家则说，且慢！虽然小男孩选中的小面值硬币被经济学家证明不具备客观意义的“最大值”，但有可能是心理的最大值。

我们来看看，小男孩是怎么说的。在最后一次测验结束时他如是说：“如果我选了大面值的硬币，你们还会一而再、再而三地来测试我吗？”

其实，这个轶事说的是，当我们具有远见的时候，我们的选择会很不一样。

国务院参事、友成基金会副理事长　汤　敏

PREFACE 序

自我从事谈判和决策的培训以来，一直受到同事、朋友和学生们的鼓励，希望我能早日出一本关于谈判和决策的书籍。对此我很是惶恐，多年来也未能下笔落一字。去年开始，我对谈判和决策在实际工作中的应用有了更为深层系统的思考，深感将心得分享、推广开来，或许能让更多人受益，本着这样的一个初衷，遂有了这本诚惶诚恐的书。

在本书完稿之际，编辑提出希望我能写一篇序言，也算是对自己创作此书的一个简单梳理。实话讲，还真是难煞我了。思前想后一番，我写了人生第一稿之序言，之后才发现这更像是一个加长版的内容简介。且以此作为序言吧，如有不当之处，还请读者指正。

谈判和所有前沿理论相关

从事谈判培训以后，我发现，这是一个可以将我留学时就感兴趣的学术领域前沿话题的思考心得有效运用到实践和教学的最佳途径，这让我很庆幸，冥冥之中觉得这是老天对我的眷顾。

我从早年留学到后来从事咨询行业，这期间一直都受到我的老师杨小凯先生的教诲。在杨小凯先生的指引下，我开始关注哈耶克、张五常、索罗斯、科斯、布坎南等大师级专家学者的思想，从劳动分工、交易费用经济学、合同安排、制度经济学、博弈论到哈耶克自发秩序以及他本人的超边际决策理论，我获益匪浅。即使后来我在澳大利亚IBM进入咨询行业，也没有停止对这些领域的关注，甚至对它们在实际工作中观察的兴趣和作用的验证与日俱增。

再后来，通过荷兰采购协会，我成为国际采购和供应联盟证书课程的谈判课程的讲师。也是在这期间，我发现谈判成功的一个标志就是合同，这同时也说明掌握合同安排的理论对于学员理解谈判一定是有意义的。这也是我早期把对合同安排理念的理解运用在教学上的重要原因。这方面，杨小凯先生对我影响很大——他很早以前就非常推崇张五常的合同安排思想。现在大家都讲商业模式，其实商业模式的核心就是合同安排。我认为，张五常的合同安排思想是最触及商业模式问题的核心的，而市面上那些只是描述企业表面现象的商业模式，其分析的意义并不大。

商务谈判的前提一定是因为有分工的存在，这方面的思考从分工理论中可以找到灵感和切入点。我要感谢杨小凯先生在分工理论的贡献，当然也庆幸自己受教于杨小凯先生。正是他对我耳提面命的教诲，才有了我在这个思想领域继续前行的基础。

当有些经济学家提出“谈判或讨价还价是损失经济效率”的观点时，我对此观点便有了想搞清楚的想法。在对其研究的过程中，我发现谈判不仅是交易费用的主要部分，更重要的是体现了哈耶克所说的自发秩序的产生过程。

还有，谈判的互动性特别适合用博弈论的视角来切入，因为博弈论就是研究互动关系的学科。当接触了张五常教授对博弈论的批评后，我随之对他批评的原因产生了兴趣，它引导我开始潜下心来在这条路上求索。

我非常欣赏芒格的真知识还是假知识的观点。真知识其实就是我们中国说的“知其然知其所以然”的道理，就是你要知道知识存在和成立的前提，相关的理论掌握越多，那么为谈判提供的知识基础才会越扎实。这样就避免了过去谈判培训只讲经验、成功案例和故事的局促处境。

幸运的是，我所掌握的这些知识都帮助到我重新理解谈判，帮我为谈判和决策建立了分析和诠释的框架。所以，我要感谢国际采购和供应联盟给我的谈判培训机会，让我可以将这些知识重新围绕着谈判和决策进行梳理，从而形成一个较为系统的体系。

当然，仅靠深奥前沿的理论对于商务实践第一线的管理人员是没有意义的，你必须要有一个让他们接受的办法，所谓深入浅出才行。这本书就是承载着这样一个使命所作出的一个尝试，希望能够结合背后的思考逻辑把谈判和决策的精髓总结提炼出来，惠及更多的人。

这本书耗时长久，十易其稿，在此期间，有许多人为此书付出了心血。

在这里，我要感谢 JanValkhof 博士，他提出的“谈判应该由采购战略来主导”的思想对我有很大的启发；感谢我的同事 Estervan Eijck、Jon Lavelle、Sean Sidney、Antonia Hekkelman-Weld，在我的培训工作中所提供的无私帮助。

感谢参加我课程的学员以及企业这些年给予我的认可和鼓励，感谢飞利浦、米其林、帝斯曼、伊视路、中智、东风汽车、吉宝地产等客户给了我尝试新的培训方式、新的案例、讨论新的思想灵感和话题的空间和机会。

感谢在成书过程中，给予我鼓励、帮助和建议的吴春燕、尚丹、冯嘉敏、吕行、汤敏博士、孟湘明博士、Rick Hof 博士等。特别感谢庞涓女士对我的狂乱的初稿的耐心细致的阅读以及思考和整理，其中的痛苦和折磨我是最能理解的，她的工作对于这本书的早日完成有着很大的增值贡献。

感谢我的太太李萃以及我的两个孩子王杰夫和王延宁对我的支持和帮助。

最后，我要特别感谢我的老师杨小凯先生，在他的循循指引下我才对制度、经济、政治有了深入系统地思考；还有将我带入管理培训领域的张震宇博士，是他的鼓励、认同和帮助，给了我一个可以展现自己经验和思想的平台。遗憾的是，这两位老师都已故去，希望我的努力没有辜负两位老师的栽培，谨以此书，向他们表达我的怀念和追思之情。

王　珞

2017 年 9 月 27 日写于上海

CONTENTS 目录

第一章 商业和管理的四大难题

第二章 谈判的经济学意义

第三章 三维的谈判框架

第四章 商业逻辑的重要性

第五章 服务是产品吗

第六章 职业经理人和企业家

第七章 中国服务现状分析

第八章 合同制定是为了更好合作

第九章　谈判是人与人在谈

第十章　谈判中的道德和诚信问题

第十一章　谈判中的互动和创意

第十二章　如何做出好的决策

第十三章　杨小凯超边际决策分析

第十四章 互动矩阵：合作还是竞争

第十五章 不确定性在博弈中的重要性

第十六章 善用谈判技巧

第十七章 好的决策要避免心理陷阱

第十八章 我们该如何思考

结束语

|第一章|

商业和管理的四大难题

谈判是建立在人类互相需要的基础上的，这是人们进行谈判的动机，也是谈判产生的原因。谈判是务实的，所以无法对实际情况只作出理论的假定，你必须面对实际存在的各种真实的挑战。

而对经济学、管理学的接触和思考，总是会有经济世界面临的四个贯穿始终的挑战或难题：第一，信息的不对称；第二，价值的无形化；第三，未来的不确定；第四，人类决策和行为的有限理性。这四个难题既互相独立又互相关联。如下图所示：

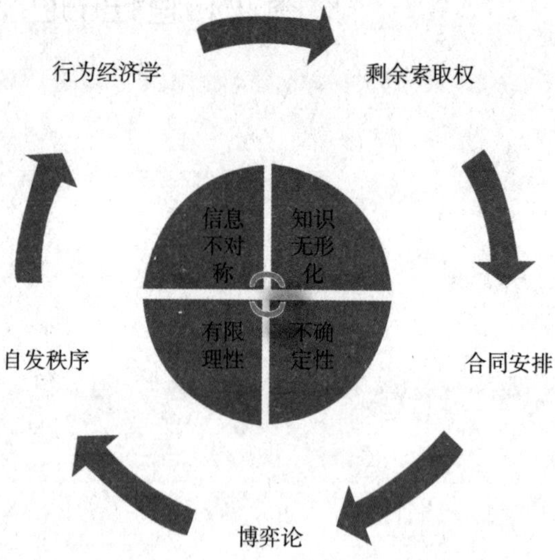

四大核心问题切入点和分析框架

世界就应该是信息不对称的

信息不对称和专业化分工

事实上，亚当·斯密的分工思想就是建立在专业化之上的。人类自从有分工以来就有了不对称的知识。就分工而言，这种不对称是值得鼓励的，因为越是不对称就越有利于分工，而越分工就越会有专业化的知识，越专业化人们效率就越高，经济水平也就越高。也就是说，专业化不对称的信息是不需要被强行对称的。

信息不对称不是问题，信息也不可能对称。计划经济的错误，就是没有利用市场中信息的流动性和分散性以及价格在传递信息方面的有效性。所以，计划经济的思想从根本假定上就错了。分布在市场中的每一个人都有各自的信息，都在为自己的效用最大化做考虑，不可能也不需要由某个人或某单个机构替所有人做决策。

在这里我们分析信息和谈判的关系，可以借助于乔哈里信息窗展开这个话题。乔哈里信息窗告诉我们，从信息被合作或谈判各方掌握的特点可以分为以下几个部分：

1. 双方都了解的信息。你知道我也知道，或者你知道我知道，我知道你知道。就是左上角的部分。

2. 你知道但我不知道的信息。右上角的矩阵代表，你的秘密，不对称的信息。

3. 我知道你不知道的信息。左下象限，我的秘密，不对称的信息。

4. 最后是我们都不知道的信息。属于一个未知的信息和知识的部分。

	我知	我不知
你知	共识	你的秘密
你不知	我的秘密	未知

乔哈里信息窗

我们看到在乔哈里信息窗中，有“共同知识”，有“信息不对称”，有“未知”三种。左上角被互动双方都了解掌握的信息是常识或共识；右上角和左下角则是只被一方掌握的信息，可以称之为秘密或者专业性的知识；右下角是处于目前还不被任何人掌握的信息。

人在知识面前最大的挑战是不知道自己无知。所以，永远不要高估自己对于那些不了解的信息的掌握程度，也永远不要低估对方信息的价值，切勿以为只要知道自己对哪些信息不了解就行（Known known），更重要的是要知道自己其实有更多不知道的东西（Unknown unknown）。

信息和谈判

谈判所达成的协议，应该是在共识的部分。但这是需要一个过程的，这个过程就是双方需要通过沟通来扩大共识部分的范围（左上角），以便实现更多更优解决方案的可能性。所以乔哈里信息窗对谈判而言，是一个动态的过程，左上角的共同知识——你知道我知道的部分是需要不断扩大的。

所以我们说，信息的共享决定合作方案的范围。我们通过谈判来寻找解决方案的基础是信息，而信息分别同时被你我双方掌握着，只有被双方共同了解的信息才能构成合同的内容。你不能想象写进合同的内容有一方是不知道的，或者双方理解还没有达成一致的吧？但这又确实是商务现实中存在的常见的错误。比如常常写进合同的参数、规格、法律条款、违约条款以及执行的条件，等等。

从原则上讲，所有能被放进合同的内容都已经是共同知识了，但其实仍旧有区别。即使双方对文字没有异议，放进了合同，但对条款的解读却各有理解，这在商务中也是常见的问题。一位米其林的学员，她是做 HR 的，在我的培训上分享过这样一个案例：公司员工主要是通过猎头招聘，一次，招聘的新员工入职之后试用期未满就离职了，于是那笔猎头费的处理就出现了争议。猎头认为不该退还，只要继续帮公司寻找合适人选就可以了；而公司认为，这笔钱必须退回一半，这是最起码的。其实这件事情不是什么特殊情况，属于招聘工作中的常见难题。合同中对这类情况的处理肯定会有相应的条款，但即使这样，争议还是在所难免，原因就在于对于写进合同的条款双方理解上的不一致。

信息不对称是分工的需要，经济中的信息应该是越不对称越好，唯独写进合同的那部分信息应该是对称的，因为这是与合作相关的信息，而非对方的很多专业信息。和对方专业化相关的信息可能与合作并没什么关系，这时是没有必要去了解的，即便花精力了解也不可能了解到十分清楚的程度。中国有句俗话，叫作“买的永远没有卖的精”，其实说的就是信息不对称。信息不对称是必须的，也是没有必要去改变的，仅仅是为了合作的约定和保证，我们才需要合同。合同在法律上是为了达到有利于合作的共识而非了解对方的情况。

共享信息程度的把控来自对方是否愿意告诉你，程度由对方把控。如果一方认为某些信息对合作有利，他享有告知与否的权利，甚至于他会主动告知。

信息不是越多越好

现在人们对于大数据概念理解有误。每一个信息都可以被理解为世界事物的一个维度上的描述，信息之间是相关联的，信息在一个维度上的表现，可能是另外一个信息在这个维度上的投影。所以，信息处理的有效性就是我们并不必要知道所有的信息就可以了解一个事物。比如价格。价格包含了大量的信息，消费者偏好、生产者成本、效率、规模和利润，等等。市场经济中，价格信息之所以被重视，就是因为价格其实包含了太多信号，我们只要关注价格就够了。这就是信息处理有效性的典型。专业化需要不对称的信息，也就是说有些信息知识是不需要成为共识常识的，但在互动合作方面必须以有些信息成为共识的前提下才行，比如价格、质量、功效、支付条款等，而工艺、经验、成本反而并不需要被转化为共识。当然，了解成本也是一种谈判技巧。

所以，信息并不是越多越好。太多的信息只会增加你数据收集和分析的成本，并分散干扰自己的注意力。

创新是不对称信息的碰撞结果

Unknown unknown 这个部分的信息意义重大，特别是对于创新而言。

人类需要不断努力的就是未知的部分，因为那是一个未知的世界，也是创新的发源地。只有那些事先不为任何人所了解的部分才能称得上创新。那么，既然无人知晓又怎么能撬动并产生突破呢？

如果让各方在各界面上进行充分沟通，保证信息的流动，在这之前不被任何一方所知的认识就会出现，创新也就出现了。生活中其实我们每个人都有这样的体验，谈话间灵感会突然涌现。所以，如果不能保证信息的充分流动、碰撞以及自由的表达，一个企业乃至国家要完成具有创新能力的成功是不可能的。杨小凯有个观点——创新都是从边缘开始的，他说，“实际上新东西都是在边沿地方产生的（杨小凯谈张五常）。”任正非也说过，创新不是被计划出来的。这是一句大实话。

创新和产权的关系

谈到创新，那么就不得不谈及知识产权这个重要方面。如果一个人不能拥有自己的创新结果，也就不会产生真正的激励效应。此外，一家公司或一个国家如果不能保证知识的拥有者得到应有的尊重和回报时，创新也将就此止步。

NOKIA 的故事迄今仍是大家津津乐道的，一家手机巨无霸突然在智能手机的市场中轰然倒下，这确实让人唏嘘。NOKIA 的前任 CEO 约玛・奥利拉在记者招待会上公布被微软收购时的讲话非常经典：“我们并没有做错什么，但不知为什么，我们输了。”

有人研究了 NOKIA 案例，发现作为一个优秀的公司，它没有犯任何管理上的错误。那么到底哪里出现了问题呢？从知识产权的拥有者角度看的话，我的分析是：我如果问你能说出 NOKIA 最后一任 CEO 的名字吗？能说出苹果的 CEO 是谁吗？能说出微软真正的老板是谁吗？我知道绝大多数人都能说出乔布斯和比尔・盖茨，但几乎没人能说出 NOKIA 的。

一直靠创新取胜的公司最重要的企业能力就是知识创意，但这种能力是和知识的剩余索取权相关联的。这一类的公司拥有知识创意剩余所有权的人，必须同时是企业的最大股东和创意发明或发现人，符合这一点的有苹果的乔布斯、微软的比尔・盖茨等，但 NOKIA 没有。所以，NOKIA 在创新方面后劲明显不足，即使企业对此有激励机制，但效果是有限的。

有价值的知识是无形化的

张五常说不要有权威是有道理的，再了不起的权威，也会受到方法论上的局限。理解一种思想，就是要知道它哪里不能——知道它能做什么只是第一步，要知道它哪里不能，才是发展，才是洞察力，才是真的懂了。知识的无形化，也就是哈耶克说的隐形的知识，往往代表着很多经济行为和商业行为的组织的真正最关键最具价值的部分。

通常来讲，最有价值的知识是无形化的。体育比赛中，我们常说运动员的状态如何，打篮球的时候我们常说运动员手感如何，但如何具体描述手感，如何具体说清状态，很难。这是一种说不清道不明但却是可以感觉到的东西。专业化积累的知识，具有无形化特点。很多传统的手艺，就非常具有这个特点。

生活中我们说一个人具有洞察力（insight），也是一样，这是一种说不清道不明但却是可以感觉到的东西。

高尔夫天才老虎伍兹，肯定避免不了与人分享他的挥杆技巧。但一来他可能无法描述这些挥杆的细节，二来有很多关键的细节和环节他或许做到了但他自己并没有意识到，或者意识到也说不清楚。所以，即使你按照他的描述去做，也永远击不出他能够击出的好球。

无形包含在有形之中

我们的很多管理思想只能处理一些看得到的部分，这是我们思想和方法上的局限。

杨小凯在比较英国光荣革命和法国大革命时就指出，法国大革命是没有继承性的革命，它摧毁了社会组织内部的纤维，革命者以为自己是在改革，其实却毁掉了系统背后隐藏着的最有价值的部分。而这个部分可能本来是维持社会运行的最基本的要素。所以，在一个有形的结构后面，通常有着无形的价值和理念在那里发挥着深层次的作用。

这也是杨小凯为什么推崇哈耶克的原因。很多知识不仅是不对称的，而且是无形化的。所以，让真正拥有这些知识的利益方或个体去选择最适合自己的方式与人合作，才是社会发展有效的表现。

Peter Thiel 投什么

Peter Thiel 是著名的美国企业家与风险资本家。他创建了 PayPal，是 Palantir 的投资人、Founders' Fund 和对冲基金 Clarium Capital 的总裁以及畅销书《Zero to One》的作者，同时也是 Facebook 的第一个外部投资者，为 Facebook 提供了 50 万美元的启动资金，后获得了 2 万倍的回报。

"The best entrepreneurs konw this. every great business is built around a secret that's hidden from the outside. A great company is a conspiracy to change the world; when you share your secret, the recipient becomes a fellow conspirator."

PETER THIEL

Peter 说，“最优秀的企业家明白这样一个道理：每一个伟大的生意都是围绕着一个不为外人知晓的秘密建成的。一个伟大的公司就是一个改变世界的‘阴谋’；当你分享你的秘密，秘密的接受方就成了同谋。”

Peter 认为，最好的公司应该是暂时找不到词语描述其行业和商业模式的。他说，“作为一个投资人，你永远在找那个别人没有看到的闪光点，所以我一直会问的问题是，有什么是我们了解而其他人都看不到的呢？如果我们无法回答这个问题的话，就好像在一个扑克牌桌上，你会想弄清楚桌子上最笨的那个人，而如果你无法弄清楚这个问题的话，那么极有可能最笨的人就是你自己。所以对我来说，如果无法回答这个问题，那么极有可能这个投资本身是个糟糕的主意。”

无形化如何影响商业模式

因为无形化的东西存在于人脑里，存在于思想里。Peter 在回答“如何发现极度有才华的人才”时说，“人才和商业模式是有关系的。我觉得这取决于背景，没有一个人能够在任何行业都取得成功。你无法把一个创始人从一个公司分裂出来单独考察，你不会让 Brian Chesky 去管理 Space-X，也不会让一个生物学家去管理 Airbnb。从管理的角度来看，创业公司的岗位分工都是在不断变化之中的，如果给两个人同样的职责，即使他们是死党，分歧和冲突也一定会产生，所以问题的关键在于，如何让这些聪明的人一起协作而不产生冲突。”

无形化的知识对于组织形式的敏感度很高。换一句话说，如何让无形化的知识创造收益以及如何让无形化知识的拥有者得到回报，就是商业模式的核心话题。这个道理一样适用于业务流程部分和企业之间合作的方式，以及对于员工的激励方案。无形化的部分，对于商业行为的组织影响应该是最大的。从这个角度来看很多时髦的管理理念就值得商榷了。

商业模式其实也是在解决一个定价的问题。之所以要将无形化的知识和商业模式一起来看，是因为一般无形化的东西都比较难以定价，商业模式其实就是对于无形化资产的一种保护和体现。

但如何按照哈耶克自发秩序的思想来实施，很多做法是长期互动磨合的产物。你可以认为需要与时俱进做出改变，但人为计划的改变是否符合实际的需要以及是否可行？我不否认，竞争模仿会带来进步，但是已经形成的做法可能包含有很多关键的无形化知识的部分，如经验、利益、热情、忠诚度，等等。如果只从看得见的角度去修改，有可能会破坏那些一直在起关键作用的无形化知识的作用。精益生产所谓消灭浪费、精简成本，本意是好的。但有些成本可能并不是表面看上去那么不重要或者不合理。有一个航运界的朋友，经营一家货代公司，手下的销售人员一般都会有招待费，招待费一方面用来建立和维护客户关系，一方面也贴补了部分收入。这是一个比较模糊的灰色地带，但这在特定的时间和环境中，就是具备合理性的。我和他讨论过这个话题，他说他对这里面的道理也很清楚，但如果一定要把事情搞得一清二白，可能业务也就毁掉了。

正常人都是有限理性的

“完全理性”思维隐含的是追求结果的唯一性，在方法论上表现就是相信最优解的存在并追求最优解。但是，如果条件相同结果就一定相同的话，世界就太简单了，谈判大概就没有必要了，决策也就没意义了。因为实际生活中，我们每个人对相同信息的反应会有所不同，同样一件事情换一个说法后效果就会完全不同。

“有限理性”思想就是对于“完全理性假设”的不足的思考和修正的努力。“有限理性”实际是让人们的最优决策不再具有唯一性的原因，也就是人们对同样的条件会有着不同反应的现象。

从完全理性到有限理性

亚当·斯密在《国富论》中对于“理性经济人”的描述为：“每个人都在力图应用他的资本来使其生产的产品得到最大的价值，他们并不企图增进公共福利，也不知道他所增进的公共福利为多少，他们所追求的仅仅是个人的安乐与利益”。

“完全理性”的方法论假定一切信息都是具备的，行为人非常清楚哪些信息对自己最重要，哪些对自己最有利，他们选择结果具有唯一性。行为人具有完备的计算和推理能力，可以像计算机一样迅速进行海量数字的计算，同时也不存在感性因素对决策选择的干扰。行为人可以将各种方案或选择集中进行比较和挑选，也知道各项方案所产生的全部后果。

但这样的“完全理性假设”太容易被挑战了，特别是在运用这个理念来决策的时候，因为这些条件实际上都很难具备，所以，以赫伯特·西蒙为代表的学者提出了“有限理性”的概念。他们从信息不完善、信息处理成本过高以及人们往往会遵从习惯性规则等三个方面对“完全理性假设”提出了挑战。

但近年来，学者普遍认为这三个批评没有抓住“有限理性”的本质，不能成为决策不具有唯一性稳定性以及最优性的原因[①]，也就说明这三个理由都不是真正的有限理性。

有限理性和行为经济学

我认为，行为经济学的到来才算是真正抓住了有限理性的本质。丹尼尔·卡尼曼 (Daniel Kahneman) 是迄今唯一一位获得诺贝尔经济学奖的心理学家，也是行为经济学的奠基人。他获得诺奖在于他“把心理研究的成果与经济学融合到了一起，特别是在有关不确定状态下人们如何作出判断和决策方面的研究”。

卡尼曼的理论是对理性人假设的否定。在卡尼曼前景理论的相关实验中，信息是完全的，对上述信息的分析来说，相对有一定数学基础的人而言也是简单的，但恰恰就在作出判断并根据判断采取行动时，人的心理因素起了决定性的作用。这也是人为什么会对同样的信息做出不同的反应，这说明理性人概念需要修正，需要加入心理学的内容，而这是不难观察到的。

当医生告诉病人，一种疗法有 90% 的成活率的时候，大多数病人会选择接受这个治疗方案，但如果医生告诉病人有 10% 的病人死了，则人就会趋向于拒绝这个疗法了。同样的事实，同样的客观存在，人会对同样的客观事实的

① 有兴趣的读者可以关注杨小凯的《有限理性》一文。

不同表述做出不同的反应。但这些反应又都经过了思考，人们在选择时还是以自己利益最大化为出发点，所以不是不理性，是有限理性。

行为经济学告诉我们，既定条件下，答案却不一定是稳定且唯一的，我觉得这才是有限理性的本质。

有限理性的两个条件

行为经济学有限理性思想满足效用最大化的假设，而这个假设正是有限理性和非理性的区别所在。我认为这里需要明确讨论这个话题的两个隐含的前提：

一，除了非理性，我们一般认为，决策人无论如何都是追求效用最大化的，追求效用最大化的假设是理性（包括有限理性）与非理性的区别；

二，既定条件下，任何人只要给出的答案或做出的选择是唯一且稳定一致的，就应该满足理性主义的要求。

数学工具的分析必须满足答案具有唯一性的条件，即既定条件下的答案必须是唯一的。在符合第一条的前提下，如果答案是唯一的，则就不是严格意义上的有限理性，而是理性。有限理性满足第一条，但无法满足第二条；而非理性就连第一条也无法满足，比如人的自残行为，损人不利己的行为只能算是非理性。

精确误导也叫尾数效应，是框架效应的一种。就比如同样一件商品，一个标价 4000 元，一个标价 3999 元。如果可以讨价还价，多数人对于标价 4000 的产品砍价幅度很大，甚至会拦腰砍到 2000 元。而对于 3999 元的产品，往往只要拿掉一个零头，比如 3990，或 3900，买家就接受了。这是因为精确到个位数会带给人信任度较高的心理感觉，顾客就会认为 3999 更像一个合理的价格，但事实上 4000 元和 3999 没有真正数量级上的区别。所以，精确误导对于报价和还价都是很有意义的概念。

确认偏误

先入为主是一个大众都容易有的心理误区。

冷战期间，苏美军备竞赛，各自不堪国力，开始了削减核军备的谈判。美国的教授拿出一个美苏削减核军备的方案，告诉学生这是美国里根总统的方案，学生大多会认为这是一个好方案。然后，教授又拿着另一个方案，告诉大家，这是苏联总统戈尔巴乔夫的方案，学生大多会认为这是一个坏方案。但事实是，这两份方案是同一个方案。

这个行为经济学实验说的就是先入为主的例子。

你不在这个陷阱里，就一定在另一个陷阱里

框架效应是人们对现象产生知识的根本前提，可以理解成认识的形成。我们对任何问题所形成的认知，其实都是被框架效应过的。所以，任何认知都存在着系统性偏差。这大概也是张五常说不要迷信权威的原因吧。

确认偏误说的是形成后的“认识”对于我们决策的影响。因为我们的决策和行为都受到我们的认知的影响，符合我们的认知，我们就会认为是正确的，就会做出一致的决策和行为。

可以这么说，我们都是有限理性的，真实的世界是有限理性的。正因为我们都是有限理性的，所有我们讲的谈判技巧、沟通技巧、销售技巧才有意义。而如果我们都是完全理性的，任何技巧都是不应该影响我们的决策和行为的。

行为经济学研究的心理系统性偏差，其实研究的就是人们对于同样限制条

件下的行为不具有唯一性的现象。所以，行为经济学应该是抓住了有限理性的本质。讨论有限理性对于谈判的意义时，每个人对同一件事情的反应不同是正常的，理性不是唯一的标准。但是，每一个人对于同一件事物的反应不同，也是对于想施加影响力的切入点。你要相信对方一定是“有限理性”的人，同时，任何时候，你自己也是有限理性的。

未来都是不确定性的

世界充满了不确定性，这是一句没有争议的话。但如何定义不确定性，不确定的处理，以及不确定性对于人类互动行为甚至价值观会有什么样的影响，则充满了争议。索罗斯说："不确定性是人类事物的关键性特征。"所有经济话题中，不确定性大概是最被低估和误解的概念。

风险和不确定性的区别

一般人都将不确定性和风险混同。其实它们是两回事。能够用概率来描述一个事件的多个可能性的，是风险。风险主要针对过去的重复性事件，否则无法有概率。而不确定性描述的是未来事件，是没有概率的。大约 100 年前，富兰克·奈特提出了这个观点，认为风险和不确定性是不同的。风险是知道会发生的事件以及事件发生的可能性，而不确定性是不知道会发生什么，更不知道发生的概率。近年来不确定性又回到了话题的中心，如中国学者张维迎、投资大师索罗斯、诺奖获得者拉尔森等，都呼吁对于不确定性的重新认识。

世界的不确定性不会因为我们去管理而改变。也就是说，我们的风险管理就是依据过去发生的统计，对未来做出判断。严格来讲，如果是具有概率规律的重复事件，保险市场就可以解决。风险管理通过概率提供了风险管理的手段，比如保险，保险就是基于概率的一个行业。

我们对于不确定性在大多数时候的处理，是强加给一个未来可能事件发生还是不发生的百分比，其实只是代表了我们决策者自己对于可能性的主观判断。可在很大程度上，主观判断甚至连概率都算不上。

我们对于明天的股票市场的走势，比如25%的可能是涨，75%的可能是跌，无论这个判断是谁做出的，是巴菲特，还是李嘉诚，都只是代表他们个人的判断，并不等于明天股票的真实走势。明天的股票走势一定是不确定的。

在这里我们可以认清一个现实，即无论是过去的统计，还是主观的判断，都没有改变市场的不确定性。接受世界是不确定性的还是确定性的，对人的行为影响很大。如果你认为世界是确定性的，你就会自然而然采用计算，就会按照一个确定性的结果去求最优的结果，或者就按照逻辑理性和偏好去推导最后的结果，或者会从一个确定的目标倒推出自己的最优选择。而在不确定性的条件下，你就会算无可算。那么面对不确定性我们怎样决策怎样行为呢？

博弈论为研究人们在互动环境中的行为提供了很好的框架，我在谈判教学中运用了大量博弈论的分析手段和工具。但是，博弈论都假定了结果（支付）的确定性，决策者就可以倒推自己的决策。

我对于不确定性的分析，就是将博弈论中对于未来事件的可能性这一活概率去掉。未来的事件并不存在一个百分比来代表可能性。即使有，也只是一个人对于未来的判断，不代表真正的未来。

我认为，用概率来代表其实就是赋予了未来一种确定性，而在确定性未来的判断下，人的思考是一种 Gaming Behavior，它代表的是一种对于未来的控制行为和过度的自信，是一种算计。而当人承认未来是不确定时，就会有敬畏之心，就会关注规则，就会关注公平和正义。

我认为，未来的不确定性是绝对的，我们真正的决策都是面对不确定性的决策。一般企业的 CEO 就是被请来负责不确定性管理的，而 CFO、COO 等都是确定性管理，就是假定目标已知的管理。总的来说，如果确实是确定性管理，可以以绩效考核以及流程再造、精益生产、外包生产这些方式提高效益为目标。如果是不确定性很强的环境，比如风险投资、新产品研发、创业公司等，要注重那些无形化的知识内容的保护，重要的是找出一个合适的模式，而不是强调效益。

美国人为什么会选那些手按圣经宣誓的人当国家的领袖？因为这些人的宗教信仰存在来世，来世就是未来。但人类又从来没有活着看到来世，所以来世存在本身就有很大的不确定性。因为这种不确定性的存在，人在现世的行为就会有所顾忌和收敛。这大概就是宗教对于人类的价值所在了。

人类面对不确定性的决策时，答案不是唯一的。这个时候，你坚持一个选择，这个选择可能就是正确的。有学者发现，虽然选择在某个决策时刻可能是极为有限的，但坚持朝一定的方向反复选择，最终我们生存空间的要素就可能会发生很大变化。这说明在一个不确定性的世界里，有时坚持一个选择，就会成为一个习惯，也就成为一种规则。你周边的事物就会适应你的习惯，那么这个习惯也就是最正确合适的了。

这一章奠定了对于谈判和决策思考的基础。我认为商业，特别是商业谈判，可以用一句话来概括：只具备有限理性的人面对一个不确定性的未来需要做出联合的决策。

四个挑战对于世界的共同作用，也是问题的根源，它们可以单独存在，也可以共同存在，从而使我们的世界面对更多的挑战和复杂，但再复杂的问题也可以反过来通过这四个挑战找到问题的关键和根源。

|第二章|

谈判的经济学意义

回想起来，一切都是机缘巧合，一切都是缘分。我最早是通过杨小凯接触到制度经济学，并对制度的形成和合同安排产生了浓厚的热情和兴趣。经济学的目的就是研究最优制度是如何形成的，而分工就是一种制度安排，杨小凯的研究将经济学的视线和兴趣点拉回到了亚当 · 斯密的古典经济学中。

亚当·斯密的《国富论》的核心思想是，分工专业化是经济发展的内生原因，并不是后来发展经济学所鼓吹的那些外生的因素，如人口、技术、投资等。因为人口、技术、投资本身就是分工的结果。

分工的世界才需要谈判

谈判是关于分工的经济活动。分工之所以比自给自足有效率是因为专业化带来了递增效益，也就是我们常说的“越专做得就越好”。因为“专”，就会积累专业化能力，对本专业的理解、经验和能力，都会相应提高，效率也会提高。一个人做专了，肯定比不专的人要高效。

每次在培训开始时，我都会请学员用几秒钟思考谈判是什么。比如用一句话来描述他们脑海里关于谈判的情景画面。我得到的答案几乎跑不出“赢”“斗智斗勇”“互利共赢”“价格”等此类非具体词语。这些理解都忽视了“谈判是因为相互需要”的前提。这种“相互需要”必定来源于一件单凭自己无法搞定的事情，于是你需要别人的配合，随即需要谈判。所以，这个场景非常重要，否则不仅影响谈判结果也会影响谈判过程。

基于以上，我们也可以说，因为有分工，交易才被需要。

如此，我们可以看出，经济其实就是交易，经济的目的在于交易。亚当·斯密的《国富论》其实就是解释了“经济发展即分工发展”的事实。专业地做一件事情就会产生可以交易的价值，如果可以交易，大家就可以专注于自己擅长的事情，然后去市场上与他人进行交易以换取自己不能自给自足的所需。

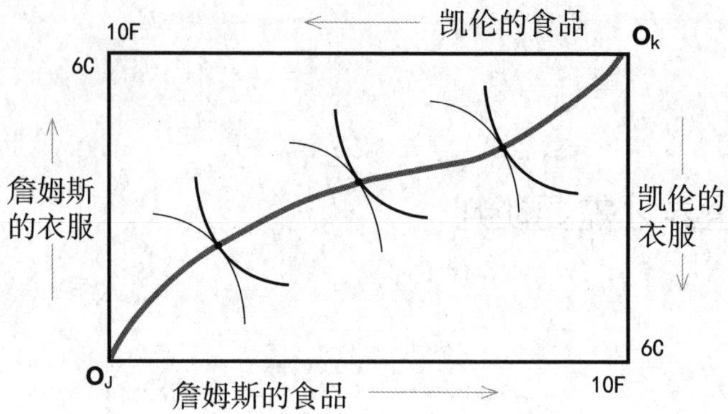

如上图所示，我专业化做衣服了，我就需要依赖别人生产粮食，那么买粮食的话，我就需要去卖衣服，就这么简单的道理。你有粮食的信息，我有衣服的信息。我没有必要去了解你生产粮食的信息，你也没有必要了解我生产衣服的信息。

伴随专业化而来的是，积累的知识越来越具有无形化特点。换句话说，这些知识往往都是说不清道不明的，没有几个人真正能够清晰准确地描述出自己能力的最具优势之处。这就涉及到价值无形化的话题，这也是信息经济面临的挑战了。换言之，信息经济和知识经济其实都算不上什么新的事物，从人类有分工以来就是经济的组成部分。所以要理解知识经济，就应该回到亚当·斯密的分工理论。

谈判是定价过程

我们对价格好像很重视，但事实上又好像很不了解。杨小凯认为，经济学对于定价是一种“大而化之”的做法，对于价格的形成，缺乏细节的分析。因此，研究价格问题，对于谈判的研究也是很有意义的。

那么是什么阻碍了交易呢？交易的限制条件是什么呢？交易本身是有成

本的，这一点可以用定价的难易表示。定价难则交易难，就不利于分工，这就是交易费用。所以我们说，谈判的都是定价难的东西。谈判难度大，交易费用就高，谈判难度小，交易费用就小。

很多谈判人员在谈判时会引用市场价格或者参考价格的说法，作为谈判的一种技巧或表达自身立场，这并不是什么问题。但重点是无论目的何在，你应该相信——你在谈判，你就是市场，你和对方谈出来的无论何种结果，就是市场价。

这样，我们就有了这么一个概念：谈判就是定价的过程。

价格是制度安排

基于自发秩序理论，这些所有的因素在互动过程中会产生最好的制度安排。而这个互动的部分是很难建立模型的，包括我的朋友同学在内，有很多还在继续努力做着模型的工作。但在我看来，这些试图用数学模型来阐述哈耶克思想的努力可能恰恰违背了其思想的真谛。因为自发秩序能够体现有限理性的人类思考决策反应的特点，但有限理性如何体现在经济学模型中呢？

我可以这样设想，谈判就是这个自发秩序产生过程中的一个组成部分，这部分中的人们积极主动地推动秩序形成。公平性和非排他性在谈判过程中也得到了体现，由于谈判本身是一个平等的过程，所以它和价格一样，并不损害市场的公平性和效率。

双方达成协议，可以说就是达到了一种均衡。谈判就是寻找均衡的过程，就是很多决策互动过程，而非单纯一厢情愿的单一决策过程。因为人类社会是互动的，特别是你的决策和其他决策在共同起作用。你的决策是否最优，首先要看能否达到均衡，即各种相关联的对策进行互动直到结果达到某一平衡，若达到平衡即可视为被大家共同接受或克服了障碍。而且，艾奇沃思认为，各自有独有性的买卖双方的定价过程具有不确定性，可以有无数多个解。换句话说，这种相关联的平衡结果并不一定是唯一的。那么怎样在如此多的平衡中找到最优或较优选项呢。这就是谈判要解决的问题。

按照张五常的思想，合同都是结构性的，如果考虑张五常批评的“外部性”，合同安排就是制度安排。

张五常批评有的经济学家只考虑合同的价格，这一点倒是和经理人及企业在实际工作中的状态很相似，他们在谈判过程中往往只关注价格，而非其他要素。

制度安排，也是合同安排，通常来说其实就是寻找问题的解决方案的过程。包括交易结构，如何最低成本，如何最好价值地解决谈判各方的问题，也是谈判的目的。

合约就是个体（包括公司）之间能够激励合同各方积极合作，让各方都满意的形式和过程。

看懂价格背后的信息

首先，价格作为一种有效机制提高了交易和分工的效益。人们对经济学的批评火力主要聚焦在价格上，认为经济学的世界被简单化了，除了价格并未将非价格因素考虑进去，其实这是对经济学最大的一个误解。价格作为所有信息的汇总，涵盖了理性的、非理性的、可衡量的、不可衡量的、有形的、无形的等一众因素，这是价格这个机制很伟大的地方。

价格反映了所有谈判过程中的信息。任何一个价格，都包含了太多的信息，反映了信息都是相关联的道理，价格大概是关联了最多信息的信号和工具。价格的信息功能越是在自由的市场经济中越是可以得到充分的展现，所以负责任的经济学家都鼓励认同市场经济。

我提出的反向价格分析法（Price-engineering）概念，就是将之前市场中由价格映射出来的那些因素凸显出放到台面上来。在先不谈价格的情况下对这些因素（变量）逐一进行分析，从而间接地影响价格，这就是谈判应该有的实际过程，也是谈判高手擅长的地方。前面这些进行之后最后再考虑价格，一个看似简单的讨价还价也就完成了复杂合同的谈判。大家也可以把这理解成和市场机制的区别，在一个完美市场中，玩家都是价格接受者，而在谈判中，价格是谈出来的。

了解价格背后的构成原因，看自己是否可以有资源帮助对方降低影响价格的因素，以及用自己低成本的资源为对方提供高价值，这些都能使谈判成功的机会大大增加。

价格和创新

价格往上走，一般是差异化创新的手法，即“我的东西与众不同，所以我贵”。价格往下走，一般是同质化竞争的手法，即“他有的我都有，但是我便宜”。

价格和商业模式

另外一个得到最优谈判结果的办法就是寻找合适的方式来组织专业化。企业制度的存在就是为了承载企业家的创意，年薪制度就是安排职业经理人所制定的制度。所以，好的制度有利于分工，继而利于经济的发展。其实寻找制度的过程还是定价的过程。杨小凯曾经举过这么一个例子：一位杯子设计师的作品，是比较难以直接定价的，但为一个已完成的杯子有效定价是比较可行的。换句话说，我们可以避免给杯子的设计方案直接定价，而采用给完成了的杯子直接定价的方法，那么杯子的收益在去掉成本之后的剩余就是对设计方案的定价，我们也叫它间接定价。

商业模式就是提供了我们为无形化的管理思想和资源做出间接定价的方式。所以，谈判往往也是探索商业模式的过程。

表面上的价格或要价，都可以通过其他方式做结构上的调整，毕竟价值才是最终目的，这也是商业模式的话题。商业银行案例：商业银行有融资、理财、信托几大模块，这就提供了很多设计交易结构的模式，即如果信用不够，是否可以看现金量、开户行或应收账款抵押物等其他条件。

供应商的报价取决于自身和其供应商之间关于服务、原料的成本，以及自己内部和研发生产部门就创新、效益的谈判，等等。

价格也是手段

价格既是互动的结果，也是互动的手段。有的价格是一口价，即不可以讨价还价，有的价格是可以讨价还价的。不还价的如奢侈品，这个定价是用来筛选客户的。只要顾虑成本的就不是奢侈品的客户群。这样就提高了交易效率。庞氏骗局把风险说得极低而回报又被吹得极高，目的也是为了筛选客户，只要有一定思考能力的人就不是他们的对象。

价格可以用来打败竞争对手，逼迫竞争对手出局。

价格是反应价值的立场

谈判学指出了利益谈判和立场谈判的区别，或者价值和价格的区别，提醒人们不要只关注价格和立场。用经济学的语言来说，即效用的最大化过程。分工会带来 1+1 ＞ 2 的效果。很多谈判理论都会介绍关于价格谈判还是价值谈判的内容，这在经济学中就是消费者（买方）剩余和生产者（卖方）剩余的概念。

我提出用“V ＝ f（x），X－ 就是从开价－底线”这个数学表达式来表示交易对于一个人的价值，意思就是一个交易对于某一交易方的价值是有很多变量的函数，这些函数内的变量就是影响这个交易价值的主要因素，学过数学后我们就会明白每一个变量都有一个取值区间，这个取值区间在谈判里面叫 LIM。

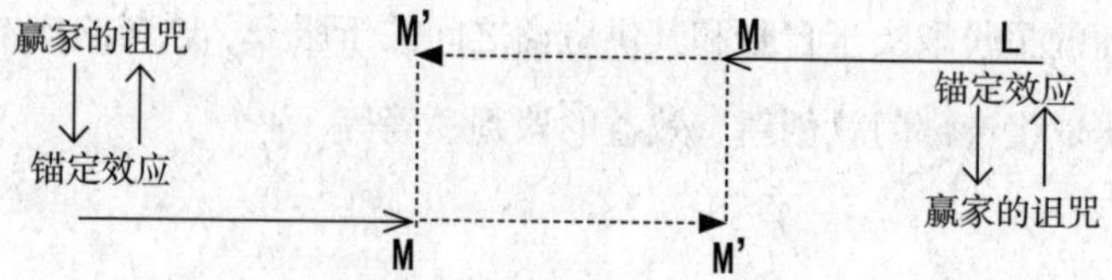

谈判是互相探测底线 M 的过程

但可能永远不知道对方的 M

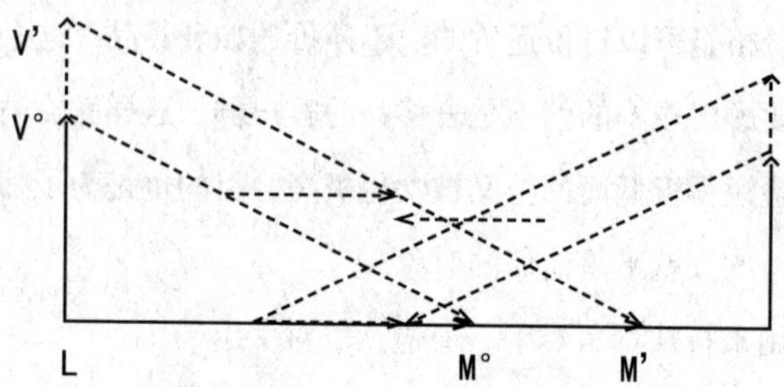

LIM 曲线受制于各方对于交易价值的看法；

通过影响对方对于价值的看法而改变对方的立场，M 的变化就是立场的变化；

之所以不设置价值上限是因为价值是无限的；

三个层次，讨价还价即立场谈判，价值谈判最高层次是不确定性谈判，建立命运共同体，其意思就是开始为对方考虑。

价值是无限维度的抽象空间

常见的决策变量有：BATNA、价格、数量、质量、支付条件、前提条件、时间周期、配送频次、库存量、信息、质保、技术、品牌口碑、配送成本、安全库存、配送堆货点、联系人、沟通方式、退货、期限、责任分配、关系、依赖程度、售后服务、环保、未来预期、风险、退出安排、道德、心理、自豪感、面子，等等。

变量就是影响交易带给我们的价值的因素，每一个变量代表了每一个维度。用网络世界的语言来讲，我们的世界是由一个多维的网络空间组成，既有实体的空间，也有抽象的空间。我们对某一个变量进行肯定选择后，就代表了愿意将此维度并入自己的世界，你对这个世界的评价和看法就是这个世界带给你的价值，并入这个维度和其他维度的互动就构成了一个新的世界。

谈判的三个层次

价值是一个网络空间。这不是一个新概念，只是为了阐述清楚后帮助读者建立一个和我一致的画面，以便加深理解。

我们的效用或价值在网络空间里是可以这样表述的——无数个点，有物理的也有虚拟的，世界就是一个浩瀚无垠的多维网络空间，任何两点之间是否连接，都是一个网络决策。每一个点其实也代表着其背后的一个多维的网络空间，每一个连接都意味着一个新的网络与网络之间的组合，会形成新的网络空间的结构。

世界是无法预测的。因为网络空间任何两点之间的连接都代表了两个网络世界的结合，这个关系完全是网络的而非线性的，所以人类没有预测之后的发展和变化的可能。早在100年前，Frank Knight 就提出不确定性和风险的不同。不确定性是无规律可循，两个方面无规律，第一，发生什么不确定；第二，发生的事件的概率不确定。

另外，价格是交易的条件，是为了方便交易而产生的。价格必须得到双方认同，但价格背后所代表的各方价值或剩余是不同的。

谈判要解决的两个均衡

埃奇沃思“契约曲线”是经济学中的一个很重要的概念。我们知道，谈判就是为了谈出一个契约，所以了解如何导出契约曲线对于理解谈判的经济学意义肯定是很有帮助的。首先，我们要知道“无差异曲线”的概念，它说的是我们每一个参与交易的人的变量组合变化是可以用等高线，或等值线表示的。即在每一个等高线上我们每一个人的变量之间是可以交换的，在这个前提下，你的变量之间也是可以调整交换的，且此交易对带给你的整体价值不会造成影响。比如价格虽然高了，但质量和支付条款好了；或者虽然价格降低了，但买方和你分享它的预测数据，这样，你的库存成本降低了。交易的每一方都有自己的价值等高线，在同一条等高线上，不同的变量组合、产品服务组合，虽然组合在变化，但价值总量是一致的。我们的价值也可以在不同的等高线之间变化，所谓“一分钱一分货”。

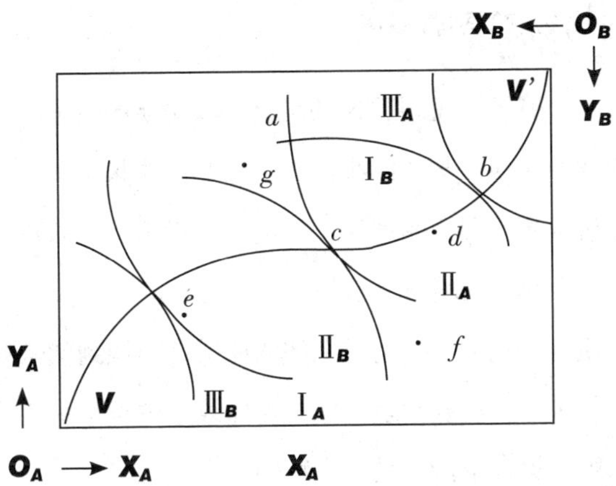

埃奇沃思盒状图

当然，你得到的价值也存在“灵活性”，其“灵活性”表现的价值可以在曲线上移动，以及等高线之间挪移。变量的数量在变化、变量的交换以及引入或排除，这些都会激活交易的灵活性。其中引入或排除一些变量带来的价值变化是一个超边际的变化过程，就是大家一直说的：换一个角度看问题。比如，合同安排制度的创新。（我们会在后面的章节详细介绍超边际的决策和变化。）

埃奇沃思“契约曲线”就是在我们每一个人的无差异价值曲线上产生的。它说交易可以用交易各方的价值等高线叠加在一起来表示，那么一个人的等高线会和对方的很多根等高线相切。这些切点又构成一条线，这条线就是“契约曲线”，就是可以达成交易的所有位置的组合。这也说明，你可以在所有满足我价值的切点中挑选一个对你自己最有利的——可能是你成本最低的，也可能对你自己利益最大的。这里就揭示了一条谈判的原则：用对自己成本最小的方案去满足对方的最大利益。

契约曲线的等高原则是告诉大家，LIM 在契约曲线等高线上的意义就是 L 是最高的等高线，M 是价值最低的等高线，I 代表的是 L 与 M 之间的空间。

契约曲线上的均衡不是唯一的

最有趣的是，埃奇沃思发现，这条线上可以交易的位置有很多，结果不是唯一的，所以叫契约曲线。契约曲线任意一点都可能是均衡点，即交易点，最终的结果将通过讨价还价即谈判产生。他进一步指出，在双边垄断的情形中，交易的两边都是一个玩家的情形，价格是不确定的。

每一个可以谈判成功的点，组成了契约曲线，而谈判就是双方在契约曲线上的移动。这样看来，通过谈判来决定契约曲线上的点是一个普遍现象，而市场不通过谈判的供求关系定价则是一个特例。

理论上，经济学家证明了价格是最有效的信息传递媒介。正因如此，有的经济学家就认为，谈判没有必要，只会徒增交易费用。但为什么还需要谈判?因为契约曲线上的均衡点不是唯一的，具体选择哪一个均衡点，就是谈判的结果。所以，这里需要谈判。但是经济学无法做出谈判模型是因为下面两个原因:

一是因为经济学理论分析时，一方的出价，或价格都是可信的，真实的。但实际在谈判过程中，可信度是需要逐步建立的。所以，谈判过程信息虚虚实实，信息的真实性是无从把握的。我想要的是A，但我偏来个声东击西，说自己是要B。这在心理学上不难理解，现实中也随时可见。但经济学无法用模型把这个过程表现出来。

二是因为数学工具无法处理人的有限理性，而现实的谈判过程中，因为有限理性，谈判各方都施展浑身解数去影响对方。这个心理活动的有限理性造成无法建模进行一般的经济学分析。

所以，经济学完全靠理性思维的数学分析，找到了一条均衡线，但没能解决的均衡点问题是谈判通过心理博弈完成的，所以说谈判的过程和目的由两个均衡组成。

经济学模型无法处理如此动态复杂的世界，管理学更不能，管理学甚至都不会去尝试。经济学起码还有均衡这样的伟大思想，但管理学的决策中没有工具处理互动均衡的过程，更多地像自己一个人下棋的情景，而均衡是指两个以上的人对弈的情景。

如果我们将均衡的思想放大再放大，就会看到谈判恰巧就是一个个决策互动的过程，且市场上所有的谈判也都在互相影响。

价格均衡和心理均衡

首先我们来谈一下锚定效应。

人在缺乏确定性或参照系的时候，决策会受到外在影响，即使是明显错误的信息也一样能影响你，这就是“锚定效应”。任何一个立场，如出价，都具有这样的影响。所以，锚定效应是一个可用来影响对方决策的技巧。如何出价？是应该先出价还是等对方先出价？这些都是困扰谈判人员的问题。传统谈判的观点认为不要先出价，是谓“不要做第一个出价的人”；但锚定效应的存在以及越来越多的经验告诉我们，先出价的一方其实有优势。

锚定效应的影响是针对双方的，谈判的任何一方都可以利用这一点影响对方。锚定效应的对策就是互相锚定，你就设想对方的出价是锚定，那么，既然你一定会被锚定，那你就也锚定对方，按照你准备好的最低价砍出去。当然，如果你可以先锚定别人，可能效果更好。

上面的这个现象引出的就是我们要说的第二个问题，我们称其为“赢家的诅咒”。

美国政府曾经在战后组织墨西哥湾近海油田的拍卖，后来发现那几个赢标的公司过了几年都破产了，经济学家就研究这个现象，他们的结论是这些企业买贵了。有关言论说，这就是“赢家的诅咒”现象引起经济学家和博弈论学者的注意的开始。拍卖场上通常会出现一种现象，中标者在被告知自己以最高价中标时心理上会产生巨大的失落感或悔意，因为这时他会意识到别人的出价都比自己的出价要低，虽然最后他赢了，但肯定是最高价，这时赢下拍卖的人就会有一种是不是我出价太高了的心理反应。

举个发生在我身上的例子。去年我准备在上海投资房产，目标就定在静安区一带，因为我自己住在这里，具备信息上的优势。这一天，我太太告诉我她看好一个小户型，很适合投资。于是，我们就去看了房子。房主住在香港，据说本人就是建筑师，所以房子装修很好，朝向好光线也充足。他是通过中介售卖这处房产的，中介告诉我们房子要价是 620 万。因为有了之前几个月的看房经验，直觉告诉我这个价格是合理的。回家后太太问我应该怎样还价。我开始认为 600 万能够拿下就是很值的一笔投资了。后来在综合了上海房地产“租界效应”以及“赢家的诅咒”效应后，我告诉她还价 580 万吧。没有想到的是对方居然没有还价，580 万拿下了！

此后，我家里有了好几个月的不太平，我太太一直抱怨我出价太高了，她认为 550 万肯定可以拿下。虽然在我们交完房的两个星期后，中介告诉她已经有人出价 730 万了，几个月后又涨到 750 万了；但是说起当时的出价，她还是认为我出高了。这就我亲历的“赢家的诅咒”的故事。如果当时对方和我还一下价，即使最后还是 580 万成交，“赢家的诅咒”也就不会发生了。如此看，讨价还价在一定程度上其实是做功德的，是道德的。因为当人被“赢家的诅咒”困扰的时候，心理一旦不平衡，就会想到报复，其后果是不可预料的。所以，讨价还价不仅避免赢家的诅咒，而且还避免了之后可能的连锁反应。

“赢家的诅咒”的解在哪里呢？美国的博弈论学者提出了解决方案，即在你用通常的办法决定了你的出价时，这时你可以想：假定这个出价让我中标了，我就会遇上“赢家的诅咒”。而“赢家的诅咒”发生，我就会意识到我一定是报高了（买家），或者卖低了（卖方）。所以，你要相信你决定的出价必须是确定的！这一点非常重要。这是想象如果发生了“赢家的诅咒”而自己还会有一个修改出价的机会。如果你真有这个机会，你会怎么改？你就会调整一下自己的价格。专家认为，你可以调整一个最高可达 20% 的幅度，这个幅度应该不会影响你的赢标的机会，而且还大大地减轻了“赢家的诅咒”的困扰！

有的经济学家认为讨价还价降低了市场效率，但我觉得这样的观点是在未理解“什么叫市场”的情况下提出的。这种观点其实就是说市场上应该只有一个价格，但买房子的经验告诉我们，一房一价其实还不够，同一所房子，换一个人去谈也会谈出不同的价格，这就说明一房多价也是市场。我是从哈耶克的自发秩序思想去理解讨价还价的。我认为，这样公平自由的讨价还价就是自发秩序的表现，没有比这更好的事情了。

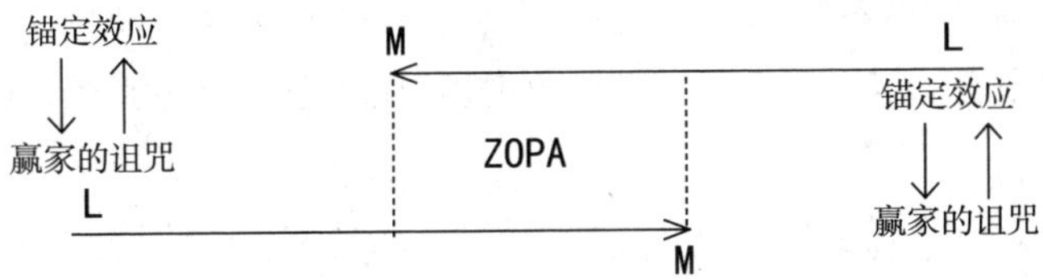

“锚定效应”和“赢家诅咒”两种心理陷阱的对抗过程

其实定价的过程就是锚定效应和赢家诅咒两种心理对抗的过程。先出价的一方利用的是锚定效应：如果对方不还价，就会发生赢家的诅咒，不还价的一方可能会有锚定效应困扰；如果还价，一来减少自己被锚定的机会，二来减少双方被赢家的诅咒所困扰。

理解价格和成本的关系

我这里会介绍和谈判相关的两个成本概念：**机会成本和应该成本。**

BATNA 就是机会成本。

讨论价格还是价值的问题，首先要说机会成本。经济学认为，机会成本就是价格。

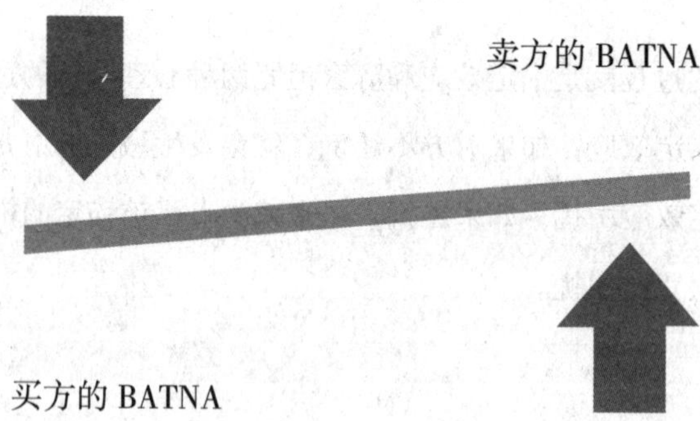

BATNA 是决定力量平衡最重要的因素

应该成本（should cost）是谈判技巧。

机会成本是本方知道的消息，用以帮助自己做决策，只要谈判得到比备选机会BATNA更好的结果，就应该可以谈成。应该成本是一个不对称的信息，是本方不掌握、而对方掌握的信息。但对于应该成本的把握反映的是谈判的准备工作充分与否以及建立谈判优势的技巧。

也就是说，谈判不仅是交易，还是交易费用。如果说理论上，靠价格一个信息就够了，不需要再谈判的话，那么其实是说，价格的可信性是不受质疑的。或者理论上假定了价格的真实性和可信性，但实际谈判过程中，价格首先是会被质疑的。谈判过程就是说服对方自己要价的可信性的。所以，这个谈判过程，就是交易费用，是花在说服对方相信自己出价的合理性的费用。所以，谈判本身也是交易费用的构成部分。会谈判的经济体的经济效益应该是高的，也是先进的。

经济学边际分析会告诉你，价格等于边际成本，这是一个很重要的洞见，也有精美的推导，我认为主要边际成本建立了决策的标准，即价格应该高于成本。对于谈判而言，它的意义就是确立了LIM的M，也就是底线。但从维克瑞拍卖揭示的道理，价格除了必须高于成本，两者之间并没有直接的连带关系，这个关系本质上是具有不确定性的。

我的一位学员是一家大型医疗器械公司的公关，主要负责联络全国相关科室的专家并邀请他们来其公司在苏州的培训中心授课。他向我表达了现在邀请专家十分困难的问题，因为公司只能给这些专家每课时2000元的酬劳，多付酬劳公司不会批准，当然贿赂更是不可能的，这让他很为难。之后，我们就这一问题在课上发动学员一起分析，大家普遍认为，一个全国范围内相关领域的权威即使用5000元甚至10000元作为酬劳也未必能被打动，因为他们可以轻易地得到比这高得多的报酬。相比酬劳而言这些人更看重自己的行业地位，如果这家全球知名企业能够为这些专家发一张荣誉证书，附上这家企业的大中国区 CEO 的签名，现实成本可能不到 20 元人民币，但价值却大大超出了所谓的酬劳。

这个解决方案让我的学员很受启发，从另一面来看，它很好地反映了成本、价格、价值之间的关系。

第三章

三维的谈判框架

培训老师都明白一个道理——无论你学什么，首先都会在脑海里对即将所学建立一幅图片场景。如打高尔夫球，每一个高尔夫球手在挥杆之前都会在脑内预演一幅挥杆过程的图片场景，而这张图片的好坏就决定了你挥杆的能力。

无论是看关于谈判的书，还是参加谈判方面的培训，都不可能让你的谈判能力得到立竿见影的提升。能力需要在自己建立了框架之后随着思考、实践以及教训的积累而逐步形成。一个正确的系统框架会促进谈判能力的有效提升。同时，对于其他人的沟通能力及谈判能力你会形成自己的评判视角和尺度，并且不可避免地开始辅导其他人，比如自己的员工和团队。

那么对于谈判能力来说，我们应该建立一张什么样的图片呢？荷兰采购协会开发的三维图片大家不妨学习下。

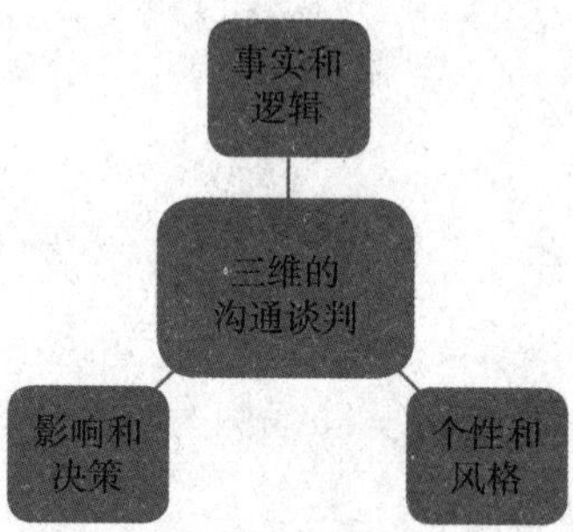

三维的沟通谈判

我们可以将这些总结为谈判的分析图、工具图，也可以称为能力图。这里面涵盖的三个维度分别是：事实和逻辑、个性和风格、影响和决策。

维度一：事实和逻辑

首先我们来看第一个理性的维度。它包括准备、目标、数据这一系列具体的有条理逻辑的部分，以及一些有规律性的行业知识或常识。这是基于我多年针对企业采购培训和咨询结果得出的结论。就这一维度而言，我受到了同事的启发，他认为我们制定的采购策略就是在为谈判做准备，制定采购策略的目标就只能通过谈判来实现。这句话看似简单，却道理深刻，对我有很大的启发。

谈判有一个说法——80% 的成功谈判都来自于完善的准备。第一个维度就是在帮助你准备谈判，最基本的前提就是要明确谈判目标和主要变量的定义。第一维度上的工具偏向理性，这些工具有的适合销售、有的适合采购、有的针对服务，也有从成本切入，并不局限，所以自然也不是每张模式图片都适用于你目前的情况，但你应该找到那些对自己有用的工具。三维谈判工具套件推荐了很多分析和思考工具，以便于我们在管理上做出决策和谈判，更重要的是它还指出了这些逻辑工具背后的道理，以及它们适合的场合和局限。

不论是谁去谈判，肯定都有一个目标。这个目标本身应该服从商业逻辑并且要基于事实，供给市场也会服从一定的规律。但我发现一个现象，很多人谈判的目标并不明确，往往不是先想清楚目的，而是先思考谈判的手段和技巧。

其实，当我们在运用第一维度的办法和工具时，我们的思考过程本身也会变得冷静且理性。

谈判必须有一个清晰明确的目标，而谈判目标的产生应该是一个商务分析的过程，这个部分不应该被情绪所主导，应该服从商业逻辑。所以，谈判的分析应该从事实和逻辑开始。任何一家企业不论需要产品、设备、服务还是其他，都应该经历一个理性的商业管理分析过程。谈判目标决定了以后谈判策略的风格方式，甚至包括谈判人员的选择都相应而变。我对谈判目标范围作了梳理分类：一，价值和变量；二，价值和价格；三，谈判目标范围。

价值和变量

在谈判目标范围前，我们首先要清楚这个交易对于你的价值。价值和价格是两个不同的概念。

价格是你取得价值所付出的成本。

对买卖双方而言，同时存在很多影响交易的因素，这些因素就是决策变量。一笔交易对于谈判者的价值 V 即为这些变量 Var 的函数。谈判的准备过程就是要列出重要的变量，并且在谈判开始后通过沟通来取得信息并发现更多变量以及双方对于同一变量的不同看法。

价值是所有变量的函数。

$$\boldsymbol{V_B}=f_{b1}{}^{n}\,(var_{b1},\ var_{b2,},\ \ldots,\ var_{bn})$$

$$\boldsymbol{V_s}=f_{s1}{}^{m}\,(var_{s1},\ var_{s2,},\ \ldots,\ var_{sm})$$

（注：V 代表价值）

说到谈判的目标，还有一点需要强调，即使已经达到了谈判的目标，很多人还是会一直纠结于对方是否赚了更大的便宜。这种心态不仅不对而且没什么必要，要让对方觉得自己赚了大便宜才是最智慧的。

价值和价格

如我上文所言，价值和价格是两个不同的概念。交易方追求的是自己从交易中得到的价值，有时价格可以直接反映价值，有时则不能。价格可以由市场决定，也可以由谈判决定。价格本身是重要的变量，但也只是变量之一。价格能够帮助提高交易效益，谈判者需要判断什么样的交换条件可以使交易达到自己的价值要求，而不是只关注价格的高低。

谈判目标范围

从大范围而言，每一个变量都可以是谈判目标之一。但每一个目标或变量都应该有一个取值范围，从底线到谈判要达成的目标范围（LIM），如下：

Like to achieve：最大可能达成的结果，往往体现在第一个报价；

Intend to achieve：最合理期待的结果；

Must achieve：必须达成的谈判目标，一般就是底线。

谈判者要明确 L 到 M 之间的取值，而不要只把 LIM 简单理解为货币形式的价格。比如 M 可以具体指“争取到的下一个会议机会或者高层拜访”，或者先争取拿下这个客户，以后再争取更大更长远的利益，这里用有竞争力的价格拿下客户就是你的 M，如果价格可以谈得更好，那就更容易达到 L。

L 是可以被知道的，往往就是开价方的第一个报价。但 M 可能永远不会被知道，所以，谈判也是一个永远在猜测对方底线 M 的过程。

谈判另一个技巧就是备选方案（BATNA）的准备，这一备选方案是为了预防与目前对手无法达成协议而准备的。谈判前如果不能准备好备选方案，那么你很容易被对方的立场影响而处于被动境地。所谓的“谈判力量相平衡”这一说法集中体现在你的 BATNA 上。BATNA 一般不难了解，比如谈判桌上大家为了表示自己的谈判力量，一般会谈到自己还有其他的备选。你需要做的就是把自己的 BATNA 无限提高，同时把对方的 BATNA 变弱。即：BATNA = Best Alternative To No Agreement

影响和让步反映在双方底线的变化，即从 M 到 M’。利用对变量的不同理解来影响并改变对方对于底线 M 的看法，从而取得对方底线的松动和变化，即从 M 到 M’（如下图），这样的理解和思考为谈判提供了更多价格以外调整配置和交易安排的机会。

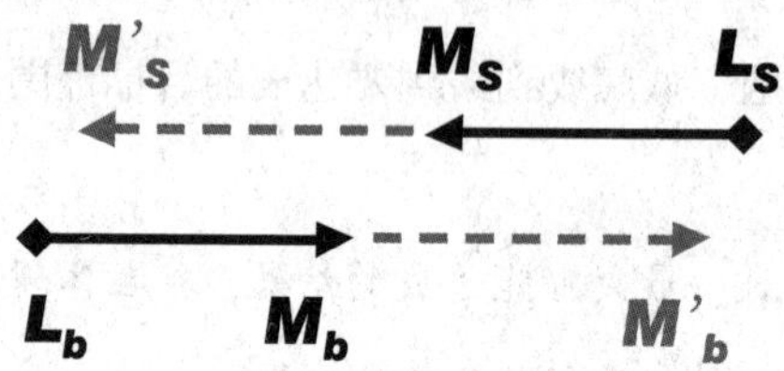

底线 M 到 M’的松动及变化

在荷兰采购协会的谈判工具套件中，我对工具的选择有一个标准，即对某一事物的分析必须建立矩阵，这样起码可以将一个事物分成四个象限，便于管理人员做出最基本的分析。

所谓分析，第一步就是对所面对事物的分类，这代表了一个事物以及分析者分析问题的角度。我们知道有个关于咨询公司的玩笑：咨询顾问什么都是 2×2 的矩阵。言下之意是世界复杂得多，不是一个 2×2 的矩阵就可以表现和理解的。但更多的时候，大多数人能够用矩阵分析的事物很少，就不要说更复杂的了。通常情况下，我们只在一个维度中打转或者压根一个维度都没有，而相对应的专家试点其实就是必须多维度。另外，比如大家常挂在嘴上的二八原则，其实就是一个维度的典型。Kraljic 矩阵就是采购行业的一个二维思考的起点。我推荐的服务价值分析工具也是一个二维模型，可以用来思考服务的特点。大体来说，我对自己最基本的要求就是：如果尚未对某一问题建立矩阵分析，那么我就默认自己没有发言权。当然，我们建立的矩阵模型应该允许被批评，毕竟在批评中会得到修正和改善，人类对世界的认识就是在争论中逐步深入的。

从方法论角度看，波士顿矩阵称得上是一个好模型，但我个人对波特的五力分析模型却评价很一般，因为它其实并未构成一个真正的矩阵，SWOT 也是一样，与其说它们是分析工具，不如说是比较好用的、用以脑力激荡的清单罗列。

在我看来，Kraljic 模型非常适用于采购职业，更是一种研究企业购买行为的分析工具，因为开支管理和风险管理恰恰是采购在一个企业中的两个重大使命。其实财务分析人员也有一个矩阵，那就是企业的利润率维度和风险维度（代表是现金流）。

维度二：个性和风格

第二个维度是心理和个人偏好分析维度，它帮助我们提高自我认知以及对谈判对手风格的了解。不同的行为风格偏爱不同的沟通方式，同时更重要的一点，是人与人在价值和风险等方面有着很不同的偏好，这一维度无疑可以有效提升彼此的沟通效率。包括人的有限理性甚至是感性，这些都是因人而异的。如果你不试图了解这些，就会失去机会，影响谈判效率。

谈判是发生在人与人之间的，而人是感性的、并非完全理性。所以即便是相同的谈判，给定完全一样的信息，也不会有任何一组谈判对手可以谈出完全相同的结果。所以，谈判的结果绝对不是唯一的，因此，我们必须了解人与人的差异。这个话题很大，大到我们要借助一些工具来区别彼此。其实我们并不缺少分析工具，甚至这些工具已经渐渐融入我们的生活并模糊了其工具属性。比如，我们给人贴标签：老人、孩子、受过教育的、没有受过教育的、外地人、本地人、海龟还是土鳖、外国人、中国人，等等。还有比较系统的如星座和属相。此外，在理论和实践中，我们形成了一些专业的工具如 Thomas 和 DISC。Thomas 的风格偏重分歧处理，即每一个人面对分歧时的习惯模式，而 DISC 则是一个针对行为风格和领导力的分析工具。接下来我们就 Thomas 五种风格和 DISC 来进行分析。

Thomas 五种风格

主要就是Thomas–Kilmann(托马斯 – 基尔曼)的五种处理冲突和分歧的方式。

冲突状况是指在某种状况下，发生冲突双方的利益矛盾是不可调和的。在这样的情况下，有两种不同的取向：一种是坚持自我，也就是从自己的利益出发来考虑问题；一种是愿意妥协，也就是愿意从对方的利益出发来考虑问题。

如果从这两种不同的取向出发，则五种处理冲突与分歧的方法可以用下面的双赢谈判矩阵来表示。

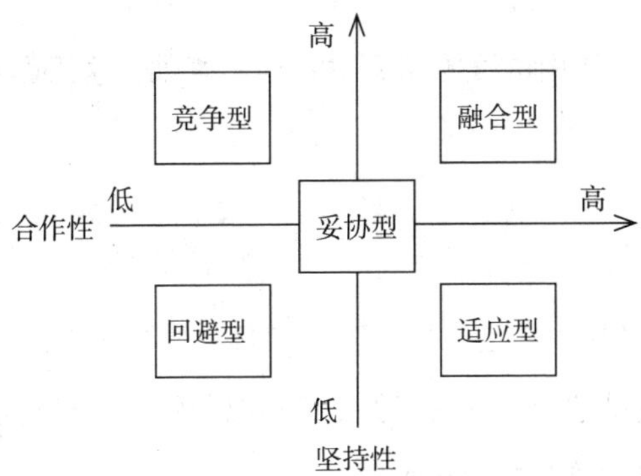

五种处理冲突与分歧方法

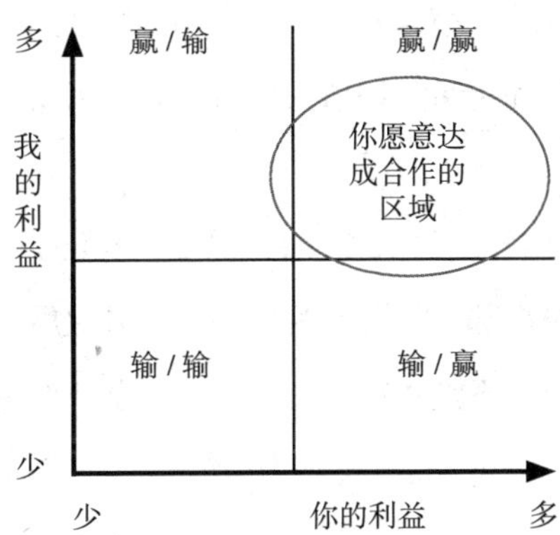

双赢谈判矩阵

不同的人由于性格的差异，处理分歧时的方法也不同。例如，有些人不喜欢对立则会很快放弃分歧而选择回避矛盾；有些人把分歧视为挑战，会主动寻找面对这些分歧的机会以追求胜利或者至少从中有所收获。

人面对分歧时最可能试图用自己惯常的风格去说服别人，但对方可能最不能接受的首先是你的风格，其次才是你表达的内容和立场。

这五种冲突处理风格在合作上的意义可以用上面的双赢谈判矩阵图表来诠释，画圈领域代表每个“我”应该尝试去探讨合作的区域。

每一个人在互动的环境里，应该去想象自己在双赢谈判分析矩阵上的站位，以及对方在此矩阵上的站位。这样的思考会激发我们在价值与利益上的协调，能够让“我”不断向画圈的位置移动并且思索如何说服影响“你”向上移动。

DISC 领导风格

DISC 领导风格的本质是一种可以被了解、学习和掌握的管理工具及行为语言，我们能够借助这个工具阅读员工的风格习惯，同时将该工具与工作结合可以对个人沟通能力给予指导和培养。

DISC 是根据 20—30 年代哈佛大学博士威廉 · 马斯顿（William Marston）的研究，由瓦特 · 克拉克（Walter Clark）于 50 年代发展而成的，它能衡量人们可观察到的行为风格和情绪，评估人的行为倾向以及人们在不同环境中的反应。

DISC 可以帮助我们养成将人按照行为风格分类的习惯，能够总结概括自己以及对方的行为风格。基于不同行为风格的人喜欢用一些不同的方式沟通，我们要明白沟通有时候并不是强势还是弱势的问题，而更应该找对合适的沟通方式。

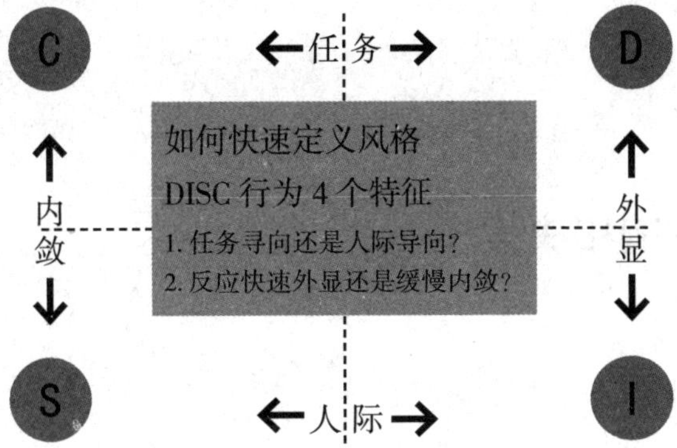

D	支配型	怎样处理问题与迎接挑战	问题	直接 VS 间接
				紧迫 VS 耐心
I	影响型	怎样与人交流，怎样影响他人	人际	快 VS 慢
				变化 VS 一致
S	稳定型	怎样应变，怎样自我调节	节奏	个人 VS 客观
				外向 VS 内向
C	谨慎型	怎样处理规则及程序	程序	很多 VS 少许（没有）
				高质量 VS 多样化

DISC 行为四个特征

维度三：影响和决策

第三个维度“影响和决策”是一个互动的维度，或者说是一个如何影响对方以及避免被对方影响的方面。谈判过程是一个互动的过程，每一方都希望影响对方以及对方的决策。我们根据经验可以总结出很多谈判技巧，比如红脸白脸、俄国前线、悬岩策略和原子弹威胁，等等。

本书对于这个部分的关注是最多的。人类互动包括了几个层次，一个是符合理性和逻辑的层次，如果有两个选择，理性的人会做出对自己福利最大、效用最高的选择。这个假设是科学方法论和思考方法的基石，没有这个假设理论特别是经济学就难以形式化、数学化。经济学、博弈论等在这方面都为人类的思考打下了扎实的基础。张五常甚至认为欺诈威胁等我们认为的风险行为（Moral Hazard）即机会主义行为，也是完全理性的。

然而，我们也可以用博弈论证明真正理性科学的决策往往会带来很可怕的结果，什么时候才可以信任，什么时候不能信任是谈判或合作中一个重点，并不是一个学科单独可以解决或回答的。

人其实只拥有有限理性，所以我们的决策并不完全符合理性和逻辑，这比理性和逻辑更符合人类社会互动的常态。我们会被很多心理陷阱所影响，然而这几十年的学术发展在这一方面有了很大进步，特别是心理学或行为经济学。

所以，对于决策，本书是这样描述的：首先，我们以用理性和逻辑来分析判断并做出决策作为框架的基础，也就是告诉你理性的决策应该是什么样的。同时，我们知道决策面临着信息不足、无形化（无法观察或描述）的现实以及未来的不确定，同时，我们又只具备有限的理性，这四大挑战基本上是人类社会永恒的现实。谈判对手也会利用这些限制对你进行挑战，所以，第二部分就是如何让你克服这些挑战的影响从而达到一个比较优的决策。当然，这一部分也可以让你学到如何利用这些去影响对方。

在这样的背景下，我们要结合制度经济学、博弈论以及行为经济学或心理学的研究成果来明确如何决策、如何影响决策、如何在互动的背景中决策。

制度经济学指出：信息不对称和无形化是经济组织的组织方式解决的问题，包括商业模式。制度的形成其实都是基于信息不对称和知识的无形化，当信息不对称以及价值无形化产生时，有些决策方案就会好过另一种决策方案，比如对农民的努力程度无法做出有效观察而选择的最好方案——分成地租的方法。公司制度是对企业家创新精神以及无形资产最有效的保护。比如，这样的局限告诉了我们服务和产品的区别之处。我们所说的那些无形化的，是指不能被观察但却能被感觉到的或者是无法测量但却可以排序的因素，比如服务的体验、无形化的变量等。

谈判的互动性又可以得到博弈论分析的支持。博弈论也叫对策论，是研究人类互动关系的学科。互动条件下如何达到均衡就是谈判的过程。博弈论有着非常深远的意义和发展思考的空间。

为了更好地分析，本书还将分别说明对策和决策两个概念，对策是指那些互动中的选择有限的反应，而决策是指那些没有太多受迫压力且看上去自由度较大的选择。两种概念有各自不同的情景和价值以及局限。当我们知道了这些区别，就可以做出更有效的选择。

此外，心理学也在其中有巨大的发挥空间，唯一一位获得诺贝尔经济学奖的心理学家卡尼曼开创了这个领域。我认为心理学的介入将经济学从关于理性行为的假定和限制中解放了出来。我们必须研究人的行为，也就是决策受到什么规律的影响。继而，我花了很大篇幅来讨论决策，因为我们试图影响的是对方的决策，前提你就必须了解人类如何做决策。

人们所做出的所有决策实际上都在有限理性的范围内。就像医生告诉病人某种手术疗法有 90% 的成功率和告诉病人有 10% 的失败率会产生不同的效果一样。那么这些心理杠杆该如何被使用就是谈判技巧背后的道理。一旦面对不确定结果的选择时，大多数人都是厌恶风险的，此时面对需要付出的不确定未来，那么多数人又会有赌一把的心态，这真是矛盾又有趣。

我们的互动中重要的就是既要用这些杠杆去影响对方，也要避免被对方利用这些杠杆来影响。

这一章我们讲的这三个维度，就好比组成晾衣架的三个分叉，彼此互成角度，挂在上面的衣服就好像我们的谈判能力。首先我以在每个分叉上挂上十件我推荐的“衣服”作为开始，这就是荷兰采购协会的三维谈判工具卡片的内容。我希望每一个人可以选择自己喜欢的“衣服”挂在自己的三叉衣架上。天长日久，当这三个分叉上挂满你喜爱的衣服时，你的谈判沟通能力就形成了。这是一个由知识转化为能力的过程，而且这些能力最终将完完全全属于你。

|第四章|

商业逻辑的重要性

商业逻辑是指那些长期在商业生活中呈现出来的规律性的常理。强调商业逻辑的重要性是因为多数谈判培训都把谈判误读成了“尔虞我诈”的游戏，这既不全面也存在误导。谈判首先是因为有商业上的需求，这本来应该是一个常识，但也是一个常常被忽略的合作前提。由此也引申出另一个常识——谈判应该服务于商业逻辑。

以经验角度来看，从商业逻辑出发同时强调商业逻辑，是为谈判目标的产生和过程注入理性思考的元素，这也是谈判准备的关键。而我们都知道成功的谈判有八成应该归功于充足的准备。理性分析应该是行为的基础和出发点，同时我们还要考虑感性或有限理性，以及如何利用逻辑和心理去影响对方或避免被影响而落入那些“心理陷阱”或误区，这些才能构成谈判合作更完整的思考方式。

开支管理：买方的真理

开支管理的理念，即“一块钱的节省就是一块钱的利润”，由10多年前在纳斯达克上市的电子竞标公司艾瑞巴（Ariba）提出。这个理念对我影响很深，也是我对企业经营认知提高的切入点。

我以一家利润率10%的公司为例，如果这家公司因采购行为轻易错过了节省一块钱的机会，也就意味着这家公司的销售必须多卖10块钱才能达到同样的利润。可作为老板或创业者都明白这“多卖十块钱”的不易——销售要出差、早出赶飞机、晚归应酬、喝酒、唱歌、说好话，这些都可能是这“多卖十块钱”所要付出的代价。就是这样一个简单的算术运算道理，却对于企业营收及利润有着重大意义，但可惜的是，并未得到一些企业该有的重视。

我从事采购培训多年以来，发现即使是很资深的企业高管和采购，对这个简单的道理理解得也不透彻。一块钱的开支就代表着至少一块钱的利润损失，这就是开支管理的必要性。开支管理的理念其实为我们提供了一个分析企业的购买行为的脉络。按照开支管理理念践行的企业的表现会更加有行为理性，所以这样的理念是和供应商谈判的基础。同时，分析客户企业的开支管理也就等同于分析客户的购买行为。很多民营企业家往往将企业的采购重任交给自己的亲信，比如小姨子、父母等，就是因为开支对于企业利润的影响的重要性。他们不一定系统地明白这个道理，或只是出于本能和经验行事，但起码下意识地知道开支的重要性。同样，卖方，特别是销售、或者负责客户关系的人员，也应该明白，开支管理的逻辑告诉你的是一个企业的购买行为。你需要非常重视和了解。

让你盈利的客户才是上帝

所以要记住，只有那些对你有价值的客户才是上帝。

“客户是上帝”的说法已经成为老生常谈。但这个说法肯定是不全面的，而且往往误导了很多公司对于客户的态度，也模糊了本来清晰的市场定位。对于这个逻辑错误的修正应该这样描述：只有给你带来利润的客户才是上帝，而没有给你带来利益的客户最好转让给你的竞争对手。“客户是上帝”这种说法其实忽视了你服务一个客户是需要成本的这一事实。

首先，“客户是上帝”的说法模糊了定位。一个企业应该对它的客户群有清晰的定位。美国曾经有过这样一个案例：一位老太太在一个便宜的超市购物后，要求收银员安排将她所购物品送至她停车的地方。收银员拒绝了这一要求，老太太就投诉到了公司老总那里。我们可以想象老太太可能是行动不便或身体不好，按人之常情，超市人员碍于老太太年纪大的缘故，帮忙搬送一下倒也无妨。但超市的老总不这么认为，他亲自写了回复给老太太，明确告诉她超市不提供这样的服务！其实这个老总这么做就是在给市场和企业员工明确自己的客户定位。这是一个低成本超市，它所提供的服务从很多细节上都是这样设计的，比如，收银员只管收银，而装入购物车或购物袋的动作应该是客户自己完成的。

第二，“客户是上帝”的说法忽视了服务成本的意识。任何企业的服务动作都是和成本相关的。企业有服务意识的同时一定也要具备成本意识。

根据经验，客户对企业的价值除了利润，还有如下的思考角度：

- 发展的机遇
- 与著名品牌的联系
- 良好的公众形象
- 获得技术、知识、尖端技术的途径
- 肯定能收到款
- 准时付款
- 与卖方的业务战略契合
- 专业的态度
- 有商业职业道德
- 购买量大
- 长期合同
- 不会重新招标

谈及此处，不得不提 CRM（客户关系管理）这一概念，CRM 的角度就是卖方要知道对不同的客户进行定价，以此来区别服务的流程及态度。买方也应该通过 CRM 分析理解自己为什么会吸引一些卖方的注意，这些对于制定谈判策略肯定是有帮助的。

让你赢利的客户才是上帝——客户关系管理说透了就是这一句话。

一个企业称得上合作伙伴关系的应该是两只手数得过来的，有研究发现了一个魔法般的数字：10。这个 10 可以代表很多，比如这些优秀的企业大概有 10 家可以称为合作伙伴的供应商，或 10 家左右的重要客户或渠道服务商。这些合作伙伴之间共同研发、共享预测，大家彼此财务公开，企业各层级间的互动往来也是规范定期的。该研究还有一个有趣的发现，即一个企业不会只和10家供应商或合作伙伴打交道，往往一家企业会有几千家甚至上万家的供应商，那么企业对待这些非伙伴类的供应商又当如何呢？结论是“无论你怎样压榨他们都不过分”。

当然，这肯定还需要利用市场力量，比如竞标等手段来实现，而不是简单意义上的“压榨”，毕竟从商业道德底线出发，让别人亏本和你合作显然是种不道德的行为。这个道理听着或许多少有些突兀，但却同样适用于我们的生活中。拿我们现在的微信联系人来说，一般情况下我们的联系人数量都不在少数，尤其一些做销售的人，他们的联系人更是多至上千。那么到底哪些能称为真正的朋友？女性叫闺蜜，男性称死党，这部分联系人又有多少呢？我打赌，两个手甚至一只手能数得过来，否则就可能是你的交友方式出现了问题。

对于谈判而言，我们都知道大家在口头上称对方为合作伙伴，但就如同人与人之间的关系一样，企业之间的关系也有亲疏远近，而且这些关系是基于更理性的基础上而言的。

信息共享，利益双赢

对于企业的库存成本，我们往往会听到“预测不准”这样的抱怨。没错，关于未来预测是不可能准的，这是人类永远改变不了的事情。但是造成库存成本问题一部分来源于预测不准，还有一部分源于上下游没有共享预测。看一下供应链就能知道其中每一个环节基于过去的下游数据，每个环节都能做出自己的预测，而如果每一个环节都能共享出一个预测，库存成本就可以大大降低，那么剩下的就是人类无法预测未来的问题了。

我们可以举例来说明这一点：客户在和供应商谈判时提出要做 JIT[①] 的供货安排，如此一来客户就可以减少仓储和物流的成本，但供应商由于供货频次的提高，物流成本也会增加，这又非客户所愿。其实解决这个问题并不难，如果客户能够提供自己的预测并且提高预测准确性的话，完全可以帮助供应商大幅降低物流成本，也能达到降低自己库存成本的目的。这些预测所需的信息其实是由客户完全掌握的，分享这些信息并不会增加客户自己的成本或者即使增加成本也是很低的；但对于供应商而言其价值巨大，可以帮助供应商做到低价优质的物流服务。如果客户不分享这部分信息，那么增加的物流库存成本势必也会成为构成定价的一部分。这就是一个反向价格的例子，并非依靠简单的价格谈判就能解决，这需

①JIT，准时制生产方式（Just In Time 简称 JIT），又称作无库存生产方式。其实质是保持物质流和信息流在生产中的同步，实现以恰当数量的物料，在恰当的时候进入恰当的地方，生产出恰当质量的产品。这种方法可以减少库存，缩短工时，降低成本，提高生产效率。

要我们找到影响价格的这部分服务并挖掘出背后的原因，继而直接解决。

分享预测是一个典型的降低自己成本同时提升对方价值的合作行为，也是合作谈判过程中取得双赢的思考方向。

由此就引出了我们接下来要谈的这个话题：Stakeholder Management（利益相关者管理），企业中的利益相关方首先是互相制约的关系。

我在培训课上经常会听到年轻的采购将自己的工作职能定性为支持业务，这个观点真是大错特错。无独有偶，有一家快销品行业 500 强的公司，其中国区 CEO 在刚职入时也告诉包括内审、财务等部门说“你们的工作就是支持业务”（support business）。这显然是有问题的。

原则上，任何一家企业首先应该考虑的是投资方也就是股东的利益，但因为股东无法直接管理公司，才需要借助公司职业经理人的职业能力，而职业经理人只是代理人。所以经济学里有个“代理人问题”，这个问题没有什么好的解决办法，但次优的办法则可将代理人权力进行分割，将原本属于股东的权力分散给不同部门。所谓 check and balance（相互制衡）就是如此。

具体而言，企业有不同部门的设置，而这些部门之间的管理协调就是一个“利益相关者管理”问题。所以，各个利益相关方之间并非像那位 CEO 所说的支持与否的关系，而是制衡关系。采购部门为股东承担了两个使命——开支的管理以及供应市场的风险管理，并非只是支持业务的部门，只有部门主管可以说自己的内部团队是支持关系，可以使用比如“我的秘书是支持我的”这种表达方式。因为企业中各部门权利分摊，任何企业变革都不应该由一个部门单独领导，所以当听闻某人力资源大会上有咨询公司鼓吹企业变革应该由 HR 主导时，我只得赞叹其无知者无畏的勇气。单纯把部门属性定性为支持或主导是对企业制度的误解，但这个误区偏偏同时存在于 500 强的 CEO 和刚入职员工的思想中。可见很多不经推敲的管理理念有多害人。

供给永远会创造需求

供给永远会创造需求——这是供应学派的一个主要观点。它的引申意义在于，创新永远可以制造出新的市场，企业供给能力永远像跟在市场需求后面的旋转木马，一直在追赶市场需求，同时又在创造市场需求。

从两个层面来讲，波特兰、古诺以及埃奇沃思的双寡头竞争模型都假定了市场的需求不会只被一家企业满足，或市场永远不可能只由一家市场全部占有或垄断。互动会使企业明白，消灭竞争对手是没有意义的一件事情。

为什么这么说呢?

第一，即使一家竞争对手被干掉了，也肯定会有另外一家出现。

第二，如果是重复博弈，具有互动均衡思维的企业家会明白竞争对手之间是既竞争又共存的关系；除非政府绝对地控制市场的规模和经营范围，否则价格竞争就只能是企业竞争的手段之一，而不是全部。

况且，价格竞争给消费者带来不仅仅只是有益的一面，也有负面的地方。当然更重要的一点还是在于，参与到价格战的企业会面临无休止的报复，这样就会损害自己企业的利润和回报。

所以，价格战不会是企业的优势策略，但价格战可以成为有效的报复手段，并且避免价格战的心理会激励企业去做产品的创新；如此既维护了自己的利润表现，又可以保护自己的价格，更重要的是创新会创造出新的市场；而使市场变大恰恰是符合亚当·斯密的“分工带来经济发展”的观点的，这也暗合了三个寡头竞争模型所共同假定的关于需求永远大于供给的假定。

基于此，该假定变成了一个公理。我们可以得出这样一个商业的逻辑：市场永远不会是一家垄断，创新就是一个永恒的主题，而价格战只是权宜之计。

电子商务的本质是什么

我当年刚开始加入澳大利亚 IBM 做金融业顾问时，主要工作是为银行的电子商务提供咨询服务。电子商务确实为客户带来了便利，因为任何时间、任何地点，你都可以办理银行业务，这种便利会让客户感觉到服务的提升。作为银行，则减少了对于网点和柜员的需求，成本大大降低，而更重要的成本降低便是自助性的服务。过去由银行柜员做的事情，现在变成了客户自己做了，当然成本降低了。这种自助性大概是互联网电子商务最大的经营窍门了！

这种自助性服务带来的成本降低，最明显的可以类比的案例就是酒店里的自助餐。与点餐的餐厅不同，酒店的自助餐一般非常丰富，顾客自己挑选自己端盘，并且觉得饭菜很丰盛，想吃啥吃啥，想吃多少吃多少。其实，顾客是在不知不觉中自愿承担了酒店本来应该提供的服务，而酒店则省下了雇佣好大厨和大量服务员的成本。

现在的共享单车也是一样的道理。做过集装箱运输的人都知道，把集装箱运到客户需要的地方是一个很大的运营成本。而共享单车巧妙地让骑车的人在享受服务的同时把车骑到了下一个用车人要开始用车的地方。不知不觉在享受服务的同时，客户在为企业无偿打工，而且他愿意，还开心。所以，互联网时代如果有什么新东西，大概最重要的就是服务生产的自助性了。

你为企业提供了服务，它应该以降价甚至零价格来补偿你。这种商业模式，就是通过这个自助性让企业在成本降低的同时提升了顾客的满意度。酒店自助餐动辄两三百一位，但成本肯定很低。当然成本和价格是两回事，你满意了，你就愿意多付钱，这是价格话题。

互联网没有给商业思维带来本质的变化

Ariba 在 1999—2000 年在纳斯达克的股票价格一度达到每股 398 元，成为当时世界第二大市值的公司。在鼎盛时期，Ariba 的主业是电子商务，特别是网上的电子竞标。电子竞标大大提高了竞标议价的效率，为所有企业通过降低采购成本，大大提升利润表现。Ariba 股票价值反映的正是当时市场对于电子商务带来的革命的期待。

可惜好景不长，股价很快开始回落，甚至暴跌，我加入这家公司的时候，股价就只剩下每股 8 美元了。后来 Ariba 被 SAP 收购，风光不再，大概就是因为市场意识到电子商务没有改变商业的本质。

我在采购课堂上和学员讲过，只要你真正懂得竞标的机制原理，即使没有电子竞标，只要把供应商放在三条电话线上，或者放在三间不同的屋子里，我也一样能拿到电子竞标的效果。

商业思维是不应该有大变化的。如果商业思维老是在变，只说明之前的思维都是错的，但事实并不是这样，或者是你对商业的理解本来就是错的。如果我们掌握了思考的方法，我们是可以解释新生事物的。比如说现在常说的“互联网思维”。

技术进步一直在给人类生活带来便利和变化，这个现象本身并没有变化。技术进步一直在降低企业的成本，提高企业的效率，为消费者提供更多产品和更多便利。互联网的出现其实没有改变这个规律。我们不需要被渲染夸大所谓的“互联网思维”。

互联网，如同蒸汽机、火车、轮船和集装箱运输，带来的是商业模式的变化，但肯定不是商业思维的变化。

|第五章|

服务是产品吗

服务的重要性不仅是因为服务业本身在经济体系中占有越来越大的比重，还在于有形产品的交易和与其相关的服务也密切相关，甚至有形产品的差异化往往是通过服务来体现的。

我会在这一章中重点分析服务行业以及服务产品的特有的商业逻辑。首先我会用服务和产品的区别来呈现服务的特点。基于这个特点，特别是服务产品无形化的特点和“体验”的含义，我分析得出“标准化的提法和服务体验的相悖之处”。我们综合这些观点来审视提供好的服务体验的难度和关键是什么；同时，结合张五常“道德风险是理性行为”的观点，分析服务人员“提供优质服务体验”是非理性特点，从而得出“支撑优质服务体验的是一个社会的道德传承”的观点；然后结合案例，来分析中国和先进服务国家之间的服务在内容和质量上差别的原因。

业主买的仅仅是房子吗

先来给大家讲一个故事，是我亲身经历的，我们权当是案例吧。

有一家高端楼盘开发商希望我给销售人员做一次关于服务的培训，并告诉我他们售后服务人员面对的困扰尤其严重，比如业主对交房质量不满意，抱怨提供的房屋的质量与当初销售时承诺的不符，或者对维修服务不满意，等等。重点是因为这类原因，已发生多起业主持刀威胁客服人员，甚至将死去的老人遗体撂在售楼处的恶性事件。我在培训时引导学员将他们的产品，即高端的物业以及售后服务，在矩阵上找到合适的位置，同时也要求他们将客户的需求定位在矩阵上。这样的高端楼盘，业主表面买的是房子，但实际上买的是一种他们所向往的生活方式；而他们公司却把业务重点放在房子的买卖交易上，对于售后的服务并没有重视。很显然，这本质上就是一种应付，况且公司本身在产品和服务上也确实存在着严重的问题。所以当矩阵上的位置点呈现在他们面前时，他们自然就看到了公司提供的并不是业主们所期待的体验。

分析服务首先要看到服务和产品的不同之处，第一，有形产品是先生产再消费，而服务是生产和消费同步，服务产品不存在库存问题；第二，服务具有无形化的特点，供需双方其实都无法描述清楚服务的内容，对服务的评价也依赖双方主观感受。

所以，服务模型要从价值的无形化以及服务互动性入手分析服务的特点。

无形化就是你不可能在开始就把对服务的要求说得很清楚。我们生活中都有这样的体验：再好的装潢设计，你总会在入住后再做很多适合你生活的改进。你买了别墅，想装修好了以后住进去。请了装修装潢的设计和施工服务，你不可能在签约时把所有的细节和需求讲清楚，即使有很多过去的经验，也不可能做到 100%。因为服务是讲体验的，不真正住进去一阵子，你是不可能知道还有哪些你真正需要的东西的。

互动特点体现在服务具有消费和产生同时的特点。好的授课就是服务，讲课和听课是同时发生的；律师为客户提供的服务，也是在签约后互动进行的。虽然，我们可以有一些标准合同在事先帮我们准备，但真正的互动过程会发生什么，也是不可预料的。

我们看一下这个服务价值模型的四个象限：

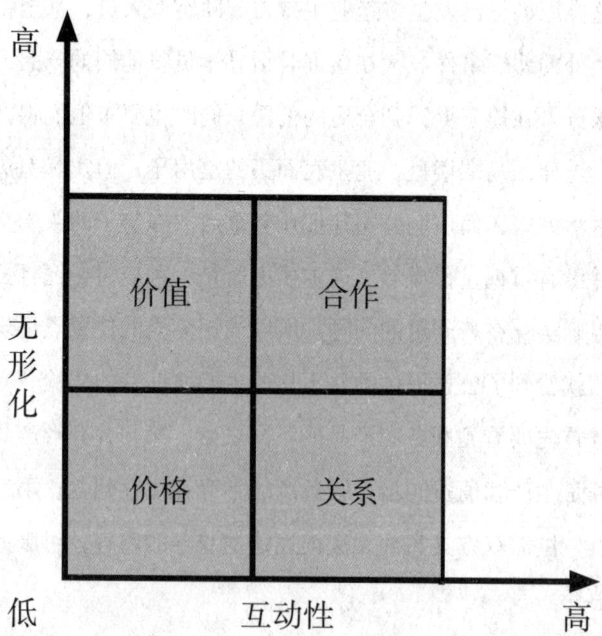

互动性低无形化低

互动性低价值低的服务，比如一个普通的出租车服务，我就是要从 A 到 B。在这个服务的要求中，无形化程度相对较低，我对服务态度的要求，体验就不会像我对专车服务那样要求和期待。在这一类型的服务中，价格就是主要的要素。

互动性低无形化高

我去找一个牙医看牙，这是一个专业的服务，互动性并不高。你除了觉得酸和疼以外，患者自己说不清楚太多的东西，而专业的牙医简单看一眼就知道你的问题。专业的牙医在很多年中积累的知识和一个出租车司机不可同日而语，他背后的知识经验是无形化的，他不需要解释给你听，解释了你大概也听不懂。虽然互动不多，但他提供的服务就要专业得多。这个类型的服务，价格在这个时候就不是主要的问题，你需要承认的就是人家的价值。人家可以解决你的问题，靠的就是那些无形化的知识和经验。

互动性高无形化低

互动性高指服务过程比较长，服务过程中沟通比较多，但无形化低指服务的内容要求比较清楚和具体。这里面有仓储服务、快递物流、软件外包服务、呼叫中心等第三方服务。这类服务的无形化程度较低，也就是不太容易差异化，所以，一般以良好的客户关系取胜。

互动性高无形化程度高

需要很高的互动，比如厂商之间新产品的开发，和渠道一起推出新的产品，合作伙伴一起创业，以及企业和企业的高管之间的关系。互动程度非常高，非常紧密，天天在一起，但服务的内容很难具体，也不可能具体更不可能完全。这里其实说的就是合作关系。

我们可以看到，将服务分类以后，你就知道不同的服务类型的核心是什么。

服务的无形化是本质特征

无论是个体的服务，还是商业的服务，或是企业产品的售后服务，永远不可能像描述有形产品那样能直接具体准确规范地描述。顾客所期待的服务和服务提供者能提供的服务往往不一致，即使是落到纸上的白纸黑字的东西，双方的理解也常常是不一致的。

我和我的发型师小胡曾经讨论一个美发设备 Dyson（戴森）的吹风机。他和我说这些设备确实很好，但其实发型师的真正能力是在“手上”。这是一个专业的发型师用非经济学管理学的语言形象地描述发型师能力，其实就是在说那种无形的专业知识和经验。他说的就是发型师那种对发型造型的感觉以及能够根据每一个客户的脸型、容貌、发质等元素，为客户设计和打造出适合的发型的能力，而发型又和客户自己的职业、个性、风度等紧密相连。这是一个很难说得清楚的过程和能力。服务无法清楚描述生产特点，也无法清楚描述它的消费特点，核心就是需求无法讲得很清楚具体，所有我们有了所谓“体验”这个概念。

那么，无法描述清楚的部分怎么办？这就是服务的一个挑战。

无法描述无法标准化的部分，是服务的最重要的部分。张五常关于这个问题的观点是最鲜明最到位的。他认为，合同没有说清楚的地方，比如不作为、偷懒、卸责等，都是理性的行为。也就是说，即使是明知道可以做，也可以做到，但合同没有明确，那我就选择不做，等于钻了空子。这就是我们所说的机会主义行为，但张五常认为这种机会主义行为是理性的，是效用最大化规律在起作用。那么，回过头来看我们体验过的那些好的难忘的服务经历，其实都是在合同中无法讲清楚的东西。因为达到期望值的服务本身是不会带来什么体验上的惊喜的，让你难忘的肯定是那些出乎意料的部分，这才是好的体验。

无形包含在有形之中

经验告诉我们，很多时候，一种产品或服务达到一定的品质，是需要一定的流程的，这里面的关系有时候是说不清楚的。但无法描述并不是完全不能描述，很多描述得清楚的部分自然需要尽可能地描述清楚。麦当劳和肯德基都是标准服务的典型。你去这些店里，你不是去期待惊喜的，你事先知道这里会有什么样的服务。因为一切都是标准化的，产品的新鲜程度、制作的工艺、使用的工具设备等，包括对工作人员的培训，他们也是希望标准化的。

但即便如此，我们还是可以体会到在国外的麦当劳和国内的麦当劳之间的区别。我觉得国内的服务是不够的，比如店员之间当着客户面聊天，这在国外是不允许的。我想店员的培训或手册是不可能做到面面俱到，但很多细节客户是可以感觉到的。人与人的感觉是一个无法标准、无法穷尽的领域，存在极大的不确定性，这就是体验的核心。

按照道理来说，国内外的麦当劳是应该一致的。那些不一致的地方其实就是本来应该被包含在有形化里的东西。这就像我们常说的神似和形似，我们的学习只学了形似，而神似却还远远不够。因为神似说的就是无形化，这才是最核心的东西。你一旦省了一道工序，可能最后的结构就会受到影响，而这个影响可能也是描述不清但却足够影响体验的。哪一个环节起到了什么作用，或者几个环节的组合造成了影响，都是说不清楚的事情，但你轻易改动某一个环节，却会造成牵一发动全身的影响，也很有可能是破坏性的。

能够标准化的服务对于管理的意义就是，这些是必须做到的，是员工必须完成的。但这些还只是表面的，隐含在标准化后面但又能让人可以体验到的东西才是服务的精髓。那些服务标准化的提法是舍本逐末的。

我认为，由于中国几十年的落后，我们现在提倡服务标准化，是因为我们那落后的年代里，标准化都是一种奢侈。

我常听说中国留学生在日本打工的故事。刚出国的留学生移民，大多都会在餐馆打工。日本人的拉面有自己的一套流程，日本本地的员工就会比较死板地按照流程执行，而中国的孩子往往会找到一些省事的做法。其实这是一个偷工减料偷懒的做法。死板做法里面保护了那些无形化的部分，而随便改掉那些看着可以省略的东西很可能破坏了真正有价值的部分。

来讲一个 Red Lobster（红龙虾）的故事。我去美东波士顿讲课，顺便在美西波特兰的同窗家里小住几天，同窗请我吃住，还每天打球。由于我们是十几年没见面的大学死党，背景经历也颇为相似，所以也有价值观理念上的默契和沟通。临别前一日，我说，“给我个机会我好好请你一顿吧。”他点头称好。于是他带我去了当地最好的一家牛排海鲜馆子 Red Lobster。这家餐厅需要预约，我们到了门口果然看到不少人在排队等座。坐下以后我们点了牛排、龙虾，还让服务生推荐了酒和甜品，最后买单才花了 109 美金。但这些还不是重点，这家餐馆的菜单是配照片的，所以点菜比较放心，真正让我惊喜的是，上餐时，观感是超过了照片的。这对长期生活在中国的我来说，立马感觉到有意思了。因为餐厅菜单配照片的做法很常见，但我们普遍都接受了照片会比实物美化的事实，所以这次红龙虾餐厅确实让我感到了惊喜，其实这就叫体验式服务。

非标准化服务的特点就是要有惊喜，这种制造惊喜的能力就是提供个性化高品质服务的关键。而今天的惊喜可能明天就是常态了，所以“何以为继”就要依赖提供服务的劳动人群的态度和专业程度了。

合适的人做合适的服务

出租车司机由于多年来提供的都是低端服务，并不会在意那些可能会影响高端服务体验的细节。如果并非发自内心做服务，那么自然无法做好服务。

印度和菲律宾的服务

我去印度和菲律宾都有这样一个感受，出租车司机的服务非常仔细体贴，如果路上有坑洼的地方，不需要提醒他就一定会减速慢行以避免颠到了客人。虽然他们的出租车硬件不如国内，但服务的体验还是极大超过了国内的司机。我分析这和他们的社会有关系，印度是一个种姓层级社会，某一个层级的人一般会聚集在某一行业，特别是服务业，如出租车司机或酒店的服务生等。这些人做某一职业心里非常踏实安分，也没有职业的自卑感，所以服务的体验自然不错。而中国是非常平等的社会，大家现在都有机会发财做富翁，而一些所谓低端的“伺候人”的职业自然都只是暂时的过渡。所以，从事这些职业的人很难有职业所需要的“用心”。

印度班加罗尔之所为能成为世界上的 IT 服务中心，不仅仅是因为英文是印度人的母语，更是因为印度的等级社会和各种职业多年来形成的连带关系，再加上英国殖民时期带来的需求端的欧洲服务文化影响，让印度不同阶层出身的人都能够心安理得地做好自己的职业，发自内心地做好服务。

反观中国的很多专车服务都喜欢用出租车司机，以为这是最好最合适的资源，其实这些公司并不懂什么叫服务。如同航空公司雇佣退伍的战斗机飞行员做飞行员一样，都是对服务缺乏深刻理解的做法。

具体而言，优步在中国面临着这样问题：由于优步司机一般都是之前在大公司工作过的白领，甚至不乏成功的创业人士，大多有着基础的素质素养，所以起初的体验明显比出租车好。但时间一久，我担心这些人对于很多客户的要求或态度会比较敏感，同时还面临着路不熟等专业问题。由此看来，刚开始优步定位在资源共享还是对的，区别开了专车和出租车服务的不同。但白领人士做服务，我个人不是很看好，就是出于专业化这一标准而言的。

同理，在中国往往会有这样的新闻，某某航空公司招空乘，津津乐道的往往不只是申请人的颜值高，更会炫耀申请人的学历越来越高，等等。其实，这种思维反映的是对服务的外行。好的航空公司都不以空乘的颜值和学历取胜，因为这些人并不会把空乘认真地当作一个终身的职业，而只是人生职业生涯中的一个过渡，这样的心态是不会发自内心地做好服务的。而在日本，强调的是任何行业的“职人”精神。

什么样的人适合做连锁商业

我曾和杨小凯一起研究特许连锁商业模式。当时我们发现了这样一个特点：像麦当劳和肯德基这样的连锁店，拥有什么样履历的人才适合做这件事情其实是很有讲究的。一般来说，太高学历的人未必是合适的，因为学历可能代表着愿景和野心，也就是我们常说的“不一定安分”。

中国人往往认为学历越高越好，这明显是错误的。美国麦当劳对于连锁经营特许权的授予有一条要求，即对申请加盟或者申请得到特许经营许可权的人的资格认定，如果一个人学位太高，并不会被青睐。道理同上，美国麦当劳认为高学历加盟者对于公司整体而言风险过大，因为这样的加盟者野心或许不止于此，不一定会安心于做一个加盟商。这里要说明一下，很多国人不明白麦当劳这类特许连锁的商业模式机制，以为加盟和分店是一个意思，这其实是大大的误解。加盟商必须是私人，对学历和过去的经历也有限制，所谓限制是指它并不希望高学历者加盟。

好的服务的核心是道德

如果不做那些没说清楚的事情的机会主义是理性的。那么是什么支撑着好的服务、支撑了那些让我们难忘的体验的呢？道德风险既然是理性的，那么支撑着服务体验的就应该是非理性的道德精神。

如果是道德在支撑着体验的话，我们从博弈论的分析中会知道，符合重复博弈特点的稳定社会环境中会内生合作意愿、诚信以及道德。我在另外的章节中也反复强调，因为有未来道德才有价值，因为有明天诚信才有意义。

道德心来源于对未来、对环境有着长期的信心，对未来有信心的人，在一个有道德传承的稳定社会中生活，做服务，是可以做好的。

第六章

职业经理人和企业家

职业精神和职业经理人、企业家精神和企业家都是近年来的热点话题。但往往忽视的是企业家和经理人本身是一个分工问题，特点和作用都很不一样，他们在商业中的地位、作用以及价值都很不同，行为方式也不同。将两者区分来研究也是在研究制度和合同安排问题。正因为如此，这一章对于员工和老板的谈判，对职业经理人的管理，以及企业内部跨部门的谈判应该都会有帮助。这一章既可以看成关于职业经理人服务的逻辑的分析，也可以看成服务话题的一个案例分析。

这几年大陆管理界对这个问题上的讨论和研究往往界定模糊，甚至有的咨询企业或者管理者故意混淆两者的区别。所以，分析这个话题的意义可以纠正很多市面上的误解。

打工皇帝说成功

打工皇帝就是指那种不是老板、靠薪水但挣得很多的人。一个打工皇帝的收入不知要超过多少辛苦的老板呢。用现在的话就是指那些最成功的职业经理人。

很多年前，有记者采访一位香港的打工皇帝，记者问他觉得怎样才能算为老板打工打得成功？他回答说："如果你的老板每天进办公室后第一个来找的人是你，你就成功了！"

读者看到这里的时候，可以想一想，如果你是打工的，你的老板或上司进办公室第一个来找的人是不是你。如果你是老板，你每天进办公室后第一个要找的人是谁。

当然，这位打工皇帝的回答描述的场景是很具有年代感的，因为现在由于互联网、手机的普及以及各种应用的丰富方便，老板可以在任何时候找你。但这位打工皇帝的回答的内涵还是值得我们思考。

世界上最具价值的事情都是具备无形化特点的，说不清道不明但却占据无可辩驳的重要性。老板和员工、经理和下属，要一定把很多事情说清道明才做显然不切实际。所以学术界有"不完全合同的说法"。很多事是需要做起来后通过互动才能解决的，所以，老板有事就会来找你。

管理中除去那些可以量度的如绩效这样的指标外，其余那些无法直接度量的状况或现象则需要依赖企业家和经理人在临场临时的感受，这也为企业家及职业经理人留下了极大的判断空间。

有一位世界 500 强公司的内控总监，是公司 CFO 的得力助手。这家公司与很多公司不同，不是那么强调流程和政策，是一个以项目为导向的公司。这位 CFO 也许是性格问题，总是揽很多事情回来，基本上揽了事情回来就扔给这位内控总监，因为觉得她就是他的左膀右臂。内控总监和我抱怨这个事情时，我就和她分享了上面那个故事，她当时觉得茅塞顿开。第二天，她对老板的态度好了很多。

企业家和职业经理人的区别

虽然企业家和职业经理人在知识类型上相似，但分工不同。我的分析切入点是看二者对不确定性的偏好以及不同的激励机制。

知识类型相似

表面上看，企业家和经理人的共同特点是他们都有创意、经验、能力、洞察力，这些都是具有无形化特点的知识，属于无形资产。但是，他们却是完全不同的群体。

我们每天都可以在世界上最大的财经媒体以及书籍上看到世界上最大的企业的高管 CEO 谈企业的战略等，我每次看到这样的场景，其实心里都会产生疑问：CEO 是谈企业战略的最合适的人选吗？为什么他是谈战略的人？我个人最有兴趣听的是那些既是企业家又是经理人的人谈企业的管理。

对不确定性的偏好不同

企业家和经理人的区别是对于不确定性的偏好不同。一个人选择做企业家还是职业经理人其实取决于他们是创业还是就业，选择创业的就是企业家，选择就业的是职业经理人。

同样拥有无形资产即知识的人，由于他们对于不确定性的偏好不同所以选择不同。企业家显然是更愿意为自己的资产承担不确定性，经理人对于自己资产的收益不确定性的偏好不会强过企业家。因此，企业家肯定是对不确定性有更大偏好的那个群体，而职业经理人则是对不确定性偏好小于企业家的那个群体。强调一下，我这里说的都是对自己的资产收益不确定性的偏好。如果是对非自己所拥有的资产，不确定性偏好就会大很多了。这就是接下来要说的私有产权的话题了。

激励机制不同

私有产权对于不确定性敏感。对不确定性偏好的激励主要是通过私有产权来解决。也就是说拥有私有产权的人对于不确定性世界的决策是最有效的，也是最可信最负责的。对不确定性有更大偏好的企业家，通过企业剩余权（所有权）来实现自己无形资产的价值，而对于不确定性偏好偏低的职业经理人，则愿意接受按照时间成本付薪水的方式来计算自己的回报，因为这个不确定性就低了很多。但这样就会造成一个不匹配。企业肯定希望经理人对不确定性部分承担一些责任，所以就发展出了很多调整的办法，如固定工资加分成（股权）的方式等，让经理人也参与企业的资产拥有。这是典型的不确定性偏好和资产形式决定交易方式或商业模式问题，也是一个合同安排的选择问题。

对这个问题的分析的意义，在于帮助我们理解这两种人的激励机制的不同，对企业家最有效的激励机制是剩余权，而职业经理人追求比较明确稳定的回报，比如工资、年薪，和业绩挂钩的奖金等。职业经理人承担的是可以确定的那一部分。换一个说法，就是我们把一个不确定性的事业中的可以确定的部分给了职业经理人，不确定性的部分由企业家承担。

对 CEO，一般董事会是希望他管理不确定性的，而企业其他高管如 COO 或 CFO，其实是负责确定性管理的。所以，CEO 经常是承担了董事会即企业家对于管理不确定性的需要的。

当然，我一直认为，企业家经理人如乔布斯、比尔·盖茨，特别是那些对于创新等无形化资产高度依赖的产业，企业家同时又是经理人的好像是最成功的。这也是我看一家公司前景的最主要的标准。当然，回报与自己的无形资产不相符不满意时，企业家和经理人会互换。企业家如果觉得回报不如打工，就会放弃创业，去做经理人。而经理人如果觉得，打工的回报不符合自己无形资产的价值，就会去开公司创业。

有的企业喊出让员工以企业家的精神从业的口号，这样的提法是不对的。但也反映了应对无形化和不确定性挑战的需要，企业家们意识到了两者的区别。但如何让每一个人的无形资产发挥作用，不是靠一个扭曲逻辑的口号就能从本质上改变的。

职业经理人服务具有知识无形化特点。非常简单，职业经理人提供的一种专业的服务。所以，服务的逻辑是适合分析职业经理人行为特征的。

职业经理人，特别是企业高管，提供的是一种高端的专业服务。但我们知道，和任何高端的服务一样，这种高端的服务具有在职责和工作范围方面难以描述清楚的问题，因此也就会引起很高的事后监督费用问题。

如何化解道德风险

著名的电脑企业 Dell 有个比较极端的做法，每当销售客户代表向经理汇报第二天会去某某客户那里开会后，次日他的老板在没有知会客户代表的情况下就出现在了会议现场，并和其一起参加。这种做法我是不认同的，同时在市面上也是有争议的，但反映的是职业经理人的事后监督费用的问题。销售环境非常恶劣，管理缺乏人性，但也不得不承认是对于职业经理人管理监督的无奈之举。

专业服务无形化特点造成的事后的监督费用问题在理论上有“道德风险（Moralhazard）”现象。这现象本身也是一个合同不可能完美解决的问题。由于合同签订后缺乏监督的手段，或者监督费用很高，被监督的一方，主要是职业经理人，可能采用机会主义的态度，如偷懒、过度投资、过度冒险等。有研究表明，经理人一般喜欢通过并购把公司做大，但这“做大做强”的思路并不一定对投资人、股东或公司最有利，但对很多经理人有利，因为他会有更大的存在感和成就感。

如果企业家和职业经理人都能选择尽责，即合同签订后仍旧会尽责履行没有详细具体规定的义务责任，那么就不存在“道德风险”问题。但实际上，签约以后的监督费用或管理成本太高，无法做到有效管理，挂一漏万，致使职业经理人不尽责成为一个现实存在的现象。而对于企业家来说，事后监督费用问题并不存在，因为企业是他自己的，如果事业不成功，企业家个人就会承担全部的责任和风险。当然，如果一个企业的股权非常分散，那些股份较少的投资人也就不能算是企业家了。

职业精神是一个道德层面的话题，职业经理人对于那些没讲清楚、讲不清楚的事情所持的态度，是体现职业精神的地方。如果职业经理人意识到，即使没有说清楚，也应该做好，尽可能去做好；没有说清楚的，说不清楚的，但还是会尽责。这就是职业精神，但这又不是理性行为。那么，如果这不是理性的话，那这就是个非理性或有限理性的话题了。这样看来，职业精神原来就是一种属于非理性或有限理性的道德范畴，它在这里起到了纠正防止或减轻道德风险的作用。

对于那些讲得清楚的部分，就一定要做到，这是合同的义务，也是契约精神。

职业精神靠传承

从职业精神上讲，职业经理人知道，那些超出工作范围要求的事情需要你来做是再正常不过的事情了。这也是前面说到的那位打工皇帝所表达的道理背后的逻辑。现在的 ISO 制度都要求企业要具备岗位职责工作范围的描述。但因为知识资产的无形化以及未来的不确定性的存在，要求把 JD 公司或老板对你的期望和要求表述描绘得事无巨细是不可能的，也是不应该的，除非是非常低端的流水线操作工。

我一直相信股权对于无形化和不确定性的激励作用是最有效的，而职业经理人的股权有限，股权的激励作用也有限。绩效考核是一种常见的管理制度，是对人的行为起到激励作用的制度安排。按照时下流行的绩效考核以及各种管理思想的合同安排，总有五花八门的办法或指标来考核一个经理人的重要性。

同时，因为企业的结构庞大复杂，个人为企业做出的努力会被稀释，过度的绩效反而会使经理人去干一些只对绩效有影响的工作，而很多对企业长远发展有利的事情，如研发、人力资源、战略则不一定会得到真正的注意。法国人曾经在河内为了治理鼠患，制定了一条用死老鼠换取政府奖励的政策，以鼓励市民消灭老鼠的积极性。但事后发现适得其反，有一些人开始养老鼠。这就是绩效考核要避免的问题。很多事情是相关联的，有人称这个现象“外部性”。就是提醒人们注意一个措施所引起的那些预料不到的效果。

一些管理咨询公司也会故意混淆一些关键的概念，过分地强调拔高绩效考核的作用和意义。他们不懂真正有价值的贡献可能根本不具备直接量度的特性。过于强调绩效考核的作用，不仅对员工并不公平，也对老板有害，因为这可能会扭曲员工或经理人的行为。

面对不确定和无形化的困境，我们需要职业精神。要提升服务体验，不是那些标准化的培训，而是职业精神的培养和传承。职业精神的产生和发扬光大与传承相关。

中国大陆的职业经理人目前还只是第一代人，换句话说，职业精神在中国尚不成熟。我发现很多国内的员工往往分不清企业、学校以及家庭的区别。把企业当家，把老板当成家长或老师，这其实都是认识上的严重错位。我自己在大公司工作时，最喜欢用香港和新加坡的员工，因为他们专业性强，职业态度好，职业操守也好。这和这两个地区的市场经济发达有关。因为在这两个地区，打工或职业经理人已经是好几代传承了。日本的“职人精神”的背后都有好几代人传承的故事。一种精神一种文化的形成，成为社会中大多数人认可的准则，需要好几代人的努力，这意味着需要一个稳定的、能给人带来信心的制度环境。

第七章

中国服务现状分析

本来这一章的题目叫服务业现状分析，后来我把服务业改成了服务。因为我要分析的现象并不只是服务业，而是整个服务。因为就算是产品制造业，现在也是靠它的相关服务在竞争。

中国服务面临的窘境

高端消费不代表高端服务

一方面，高端人群愿意把钱花到国外去消费，甚至还有人专门为买个电饭煲飞到日本去，回来说日本的服务如何如何好。另一方面，国内电子商务又在突飞猛进，大家都在淘宝、京东、一号店等网店买东西，造成了商铺凋零，传统商业街如淮海路、南京路的商铺都不好做。我也十分想不通，国内为什么高端服务没有伴随电子商务一同起飞呢？

互联网和高端服务基因不配

最近我读到一些投资人炒作“电商下半场”概念的内容，大概意思是说电商的机会上半场已经结束，阿里巴巴、百度等已经赢了，还特别指出上半场是标准的服务和产品，那么下半场就是非标准的产品了，并强调了 90 后会是主要的客户群体。对这一观点我不敢苟同。我认同 90 后才是中国服务和非标服务产品需求端的希望，因为他们的品位在上升，他们会提出对于高端服务的需求。但 90 后的高端服务应该不是互联网的战场，电子商务是满足不了高端服务人群的需求的。

我觉得互联网和非标服务在基因上就不匹配。电商最应该做好的是标准产品，日本的电商没有中国这样强的渗透率，并非因为他们的电商落后，而是日本消费者已经有了能够对服务和体验提出高端需求并愿意为好的服务体验付费的人群，并且已经有好几代人。所以，不是电商在日本不发达，而是仅仅靠电商根本无法满足现在日本消费者对于体验式高端服务的需求。

懂服务的人还没有成为主流

在日本，有机构曾做过调查，享受逛街的乐趣是日本消费者的首要需求，第二位才是价格。而在中国，价格是第一位的，然后是方便，方便就是指在家收货的方便。有人总结了日本的服务提供的服务的特点：

●最人性化的细节服务

●贴心的基础设施

●让消费场所融入社会和城市功能

●品质至上打造特有卖点

●费心让消费者满意

●互惠合作的商圈

●商场无敌的售后服务

●日本“匠人”精神，将服务打造成“家的延伸”的专业的品质要求

和日本服务业相比，中国的服务消费尚处在一个低级阶段，一个可以被标准化服务满足和支配的阶段。中国的标准化服务之所以有市场，是因为现在消费主体的这一代人之前的生活水平之低下甚至离标准还差很远。50—70后人群，也就是现在的消费主体人群，是在连基本标准都无法达到的物质贫乏的环境中成长起来的一代，他们的基因中就缺乏对于高端服务的需求和鉴赏能力，缺乏对马斯洛需求层次的高端需求。这个影响不仅体现在需求一侧，也体现在

供给的一侧。现在的民营企业家也是这样的一代人，他们骨子里和消费者一样，是“将就”的一代，不是“讲究”的一代。而服务就是需要在供需两端都有“讲究”的人。

这就是中国的服务业的现状，主要特点体现为：供应侧完全不具备引导高端消费的能力，而真正能提出高端消费需求的一方，也就是50—70后这代人，他们没有鉴赏高端服务的体验能力和品位，也缺乏为无形产品付费的意愿；而80后90后，具有鉴赏能力以及付费能力，但还没有在消费群体中占主导地位。

三个方面看中国服务

中国的服务市场现状的分析可以从三个方面切入：首先是对服务产品的无形化的认识；其次是服务产品消费人群的形成；最后是服务提供方需要具备的素质。下面我们来针对这几个方面具体分析。

第一，高端需求的无形特点

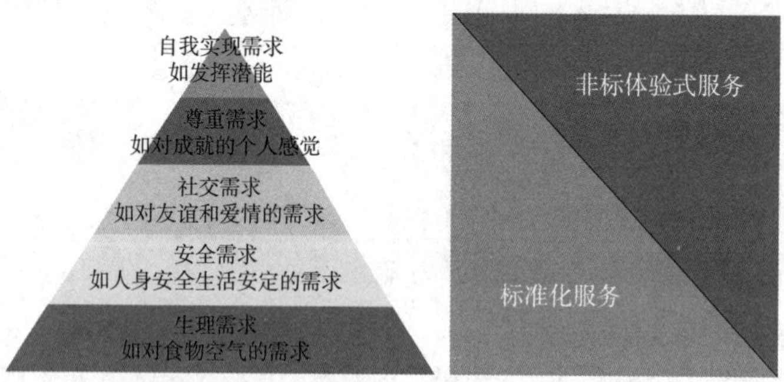

马斯洛需求层次理论和服务模式的关系

如上图所示，马斯洛需求层次的最底端是人们的生理需求和安全需求，这层面的需求呈现有形化和可量化的特点，可以由低端标准化服务满足。比如我叫了一辆出租车，要从 A 到 B，服务内容是简单的、容易描述的。有形化的特点就在于它推动了这类服务和产品市场直接定价的有效性。由于清晰直接和易于标准化的需求比较容易得到满足，所以，在这个层次上以省去中间商服务后的、以产品优惠价格为核心的电子商务就在互联网技术的支持下应运而生。

位于马斯洛高层次需求的，是人们对心理和精神层面的需求，在这个区间，基于标准化的互联网电子商务满足不了需求，而必须由高端非标体验式服务供给才能满足。

标准化的服务是管理期望，高端的服务是管理体验。了解了无形的服务和有形产品之间的区别，会有利于服务行业更好地提供服务，也有利于产品企业利用服务环节，推动产品的成功销售和市场对产品的认可。只是用标准化来衡量服务其实是一个误区，因为标准化的服务是管理期望，高端的服务是管理体验，这是两种完全不同的商业模式。麦当劳和肯德基是一种典型的管理期望的服务模式，顾客走进它们之前就知道会得到什么样的服务，实际上在这种标准化的服务中，创业者要克服很多利益的诱惑，要明确自己的底线。而在体验式的服务中，找对合适的能够提供服务的人很关键。

服务体验是一件很微妙的事，具有典型的价值无形化特点，所以对于服务的分析必须存在一个无形化价值的维度，否则我们会用产品思维代替体验思维，误导我们对于服务的理解。

第二，享受服务和品味有关

欣赏服务并能够认可服务价值的人群是需要培养的。对高品质服务的需求是一个有关品位的问题，而品位是需要几代人的积累和传承。作为计划经济下成长起来的一代，我们感受到的是物质匮乏以及住宅拥挤，受到的是勤俭节约的教育，这让我们这一代人“将就”甚过“讲究”，用一句俗话来说就是“物质的屌丝一代”。以中国目前的发展水平而言，标准化服务比较占优势。这是因为目前主要消费群体的中国人在20年前还都是穷人，在那个连基本温饱都有问题的年代，服务以及产品在他们眼中是完全没有标准的，而现在的标准化的服务对那个人群来说就已经算是奢侈的了。虽然这30年的飞速增长造就了中国的富裕阶层，但这些富裕阶层其实就是从前连基本生活标准也达不到的人群。在他们的潜意识中，还没有那种对服务的“讲究”。如果需求端的客户不讲究服务的话，那服务的市场就一定不会发达。

我们不得不承认一点，对于品位，我们确实是匮乏的，这就导致了无论我们如何优雅地摇晃着红酒杯，或花费大笔费用装修豪宅，甚至买豪车飞机，但却对服务提不出真正的要求。如果需求方提不出要求，那么供应方是无法提供高品位服务的。所以，就中国服务业现状来看，真正高品质服务的要求需要成长起来的90后来带动。这也是如今电商在中国大行其道的需求基础，但肯定只是阶段性的。我认为，对于高端体验类服务的投入最终会有出路的，而且体验类服务不应该也不会是电商的天下。有人说中国的高端服务被分流到海外，这说明如果有高端的服务中国人还是能意识到的，中国的所谓高端人群去欧美日本享受服务，其实就是在享受人家的“讲究”。是靠需求端提出需求，还是靠供给侧引领服务，这是两个不同的概念。我的观点是中国的高端服务不成熟的原因在于消费者或需求端提不出需求。

当然，现在中国的体验型服务也开始起步了，但这个消费人群还需要培养，第一代人因为时代原因从骨子里并不愿意为无形的服务买单，但我们已经开始看到80后，特别是90后人群对服务的价格已经逐渐不那么敏感了，也就是愿意为好的服务买单了。

我认识一位来自台湾的女士，生活在上海，请了一个住家的保姆，她对这个保姆要求很多也很高。她告诉这位乡下来的保姆：“我对你要求高并不是因为我苛刻，你将来有一天从我这里走出去时，你的市场价值会非常高。”

这位台湾女人支付多少工资给这个保姆不是我关心的，但她这个故事确实让我思考关于服务的问题。这个台湾女人代表的是对保姆服务的高端需求。她能够培训出好的保姆是因为她能够表达需求，或者她知道优质服务应该是什么样子。这位台湾女士预见到了大陆服务市场的潜力和未来，知道对高服务品质的需求增长的一天会来临，而在那个时候，其实会有很多人提出真正的服务需求的。改革开放后，外来高端人士的涌入，也确实为国内带来了对高端服务的需求。

当初我在澳大利亚做银行业的 CRM 客户关系管理顾问时，学到了一个道理，最好的客户就是会对银行提出批评的客户，一方面他们对服务、对品质有要求；另一方面，一旦得到了银行的回应，这部分人其实是忠诚度最高的客户群。

第三，提供服务的人也要有品位才行

体验式消费还有一个重要的特性，即对提供服务的人有特别的要求。我们常常讲，做一件事情是否用心很重要，在服务上更是如此。人是非常敏感的，一个服务提供者用心在服务，服务的享受者都能切身感知到。这里所说的对人的要求，并不是学历或素质的高低，是强调人群和服务行业的合适对位和匹配。

多年以前，我在澳大利亚了解到一家做高端专车服务的公司。这家公司的老板让我体验了一次从酒店到机场的服务，那次体验超过任何对服务的描述，我觉得非常好。从包括饮料和报纸在内的服务内容，到司机接送时帮忙拿行李的态度，等等，都让我觉得体验很不错，但也说不出具体好在哪里。我和这家公司老板喝咖啡时问他：“服务最关键的是什么”？他说：“我从来不会用做过出租车司机的人来做专车司机。”这真是醍醐灌顶啊！他的回答让我可以受用终身同时也提升了我对服务的认识。

目前中国的服务供应端劳动力市场层次较低，服务业人群大多是一线城市的外来人口和城市下层人群，这些人难以起到引领服务的作用。因为他们自己就没有见过什么是好的服务。如果他自己都没有见过，那他根本就不知道什么是好的服务，他会以为把菜端到你面前就是服务了。其实你对他的表情、情绪、走路的仪态，以及他对其他客户的和非客户的态度、接电话的举止、处理突发事件的能力、和同事谈话的氛围，等等，都可以体验到是不是好的服务。

最近有媒体在讨论开放菲佣在中国的事情，其实这反映出来的就是高端人群、特别是70后和80后人群对于高端家政的需求。菲律宾女佣之所以有如此好的口碑，恰恰来源于几代人对于服务的职业化专业化的传承。

我本来相信只要是私人企业就没有理由不提供好的服务，但在中国，即使是私人企业，也不重视服务，有的甚至还轻视服务，轻视客户的体验。后来我明白，原来这些私人企业主自己也是从匮乏年代走出来的一代，他们对高端服务的需求还没有跟上来。

标准化是服务的误区

标准化是工业后的产品思维，而服务应该是作品思维。

低端服务的提升可以通过标准化，麦当劳和肯德基在这方面已经做到了极致。而高端的体验式服务，其关键能力是要能够管理那些无法预料的体验。因为人对于服务的要求是无止境的，这也就为服务提供者提供了无限的商机。

首先，服务产品具有无形化的特点，这不仅是因为服务不像具体的产品可以被看到或触摸到而形成具体描述，服务的无形导致我们对服务产品价值的描述也无法具体，所以大家谈到服务都伴随着用“体验”这样的词汇。

那些认为服务的产业化也来自标准化的说法也只是看到了一部分服务的特点，这部分服务更确切来讲主要是标准化的低端服务，比如麦当劳、肯德基或出租车一类的服务。我们可以把服务简单分为标准型服务和体验型服务两个方向。真正高端的服务应该是那些很难将具体的体验和需求描述清楚的，服务越是高端越难以描述。于是，我们就会面临如何将服务的价值呈现出来以及对服务产品定价的挑战。那么如何在价值无形的前提下提供优质服务呢？这和服务的消费人群关系密切。

由此我们可以得出这样一个结论：**无形化体验无法标准化。**

我曾在日本拜访过一家专做服务的公司，他们的业务还包括商业礼仪培训。公司的高管和主要的老师都是之前日航的空姐。其中一位老师几天前刚刚结束了对一家中国连锁珠宝品牌公司的培训，她对中国员工的好学表示了赞赏。她提到了一位学员提出的一个很有意思的话题，“我们为了搞好客户关系，花费颇大，包括给客户的礼物以及组织他们参加高档的晚宴等。有什么办法能减少这样的花费成本同时还能建立很好的关系呢？”

这是一个很有现实意义的问题，特别是在中国。这位老师表示，搞好关系的方法很多，不一定需要消耗很多成本。我当时就和老师分享了我前一天在日本的经历：抵达东京的第一晚下课后我去了一家福冈风味料理店，店铺特色貌似是八爪鱼刺身，但从菜单和照片上看，马肉刺身和一种牛肉也是特色，也很诱人。在品尝了生啤和八爪鱼刺身后我又点了一份天妇罗，我吃得意犹未尽，想再点一份的时候却对选择牛肉还是马肉犹豫不决，于是我抱着两个都要的念头询问了女服务生，她笑着回答我说，这样对于一个人用餐来说太多了。

这次用餐体验给我留下了很深的印象，店里并没有为了多做生意就鼓励顾客多点菜，而是站在客户的角度考虑问题。这样的服务并没有让顾客多花一分钱，饭店或许还少赚了，但作为顾客的我一定会再去，这就是客户的体验。永远在你没有想到的地方影响你，这可能就是体验式服务的精髓吧。

体验式服务中的商业创意

最近从媒体看到这样一个新闻：飞利浦照明，这间拥有125年历史的老牌企业，宣布2017年从卖灯走向卖“光”，这意味着飞利浦照明从卖产品走向卖系统、卖服务，通过LED灯打造互联的智慧道路、公共空间、居家生活和永续发展的城市农业。其中一个最主要的原因就是LED灯的市场价格战升温，获利压力大。而现在，他们提出卖的不只是灯泡，而是用灯光改变你的家以及生活方式。

从卖产品到卖服务，从卖灯到卖“光”，很好的广告创意，虽然中文听起来有点别扭。从做产品到做服务的过程是一个从有形产品到无形服务的过程，是一个从规格参数到体验的过程，这个过程应该伴随着企业掌握更大的定价空间和定价权，这从飞利浦服务和产品的利润表现就可以看出。创新就是在局部或在时间段上争取到的一个垄断地位，如果幸运，自然会有好的利润，这符合供应学派的“供给永远会创造出自己的需求”的观点，这才是供给侧的真理。

即使是有形产品也要靠无形化的服务加以区分差异化来竞争，所以服务是一个代表着创新的有意义的话题。体验式服务的无形化为市场提供了无限的创业商机，越是无形化，创意就越多。同时无形化对于定价也有着影响，它提高了服务提供方的定价话语权和定价机会。

服务体验是一种事先说不清想不到，但事后又能体会到的感觉。但从服务提供商角度看，说不清或者没说过的“好事”是不是还要做？这也是张五常说的道德风险问题，不做是理性的，从法律合同角度来说，无可厚非，但有限理性的人却有可能选择去做。我认为，能不能挣钱是结果，不应该成为目标，这也许就是溢出效应，而不是商业模式问题。如果是商业模式，大家都在分析搞一个增值服务会得到什么样的回报，但就目前来看这样的切入点是错的。如果以回报和利润为目标来设计商业模式，一定会回到效用最大化的经济思维方式，这样设计出来的增值也立刻会退到标准化的模式，起不到给人优质体验的效果。所以，体验才是真正的切入点。

以上三个层次其实都和人密切相关，这是服务最本质的特点。同时也说明了中国经济和社会的发展阶段的特点，决定了中国服务电子商务发达但没有高端服务的特点，最终导致我们的服务还停留在标准化就可以满足需求的阶段，这也是电子商务大行其道成为主流的原因。如此看来，一个国家的电子商务发达好像也不是什么值得骄傲的事情。

第八章

合同制定是为了更好合作

本章主要讨论不确定的世界里的合同管理。不确定的世界里，有两个挑战。第一个问题是指合同应该如何处理那些讲不清楚的事情，就是一个无形化的问题；第二个问题是指合同能讲清楚的事情，即使合同能讲得清楚，也不代表合同一定会得到真正的执行。因为即使合同讲清楚了，但不确定的外部环境会带来变化，这种变化会对合同的双方都带来违约的动机。

尊重合同的普通法制度

我读英国企业家精神的发展历史，发现英国的强大就来源于它早期的不成文法时期。那个时候很少有成文法，从国王到法官，都是根据市场上自发的合同行为来做裁决，形成符合市场精神的惯例和传承。我相信市场，相信自发秩序，所以相信这样的制度一定是最有效率的，甚至是大英帝国强盛崛起的基础。英国政府通过立法手段干预其实只是近代的现象。法律法规对于商业提供了确定的依据，会起到解决很多未定事宜纠纷的作用，但这种成文法也制约了民间的创意和需求。

所谓契约，是由双方意愿一致而产生相互之间法律关系的一种约定。每一个合同相当于一个小立法，有法律的效应。合同的产生过程也体现了自发秩序的精神。尊重合同的经济体肯定是最有竞争力的，因为对于合同的尊重反映了制度对自发秩序的尊重。有两个我们常听见的关于合同的精神，一个是契约精神，说的是尊重合同履约的精神，一个是合同自由，说的是民间用合同约定行为的自发秩序的自由精神。但这两个精神也构成了一个关于合同的签约和履约的两难。一方面，约定必须得到尊重，人们应该按照约定执行合同；另一方面，世界在变化，原来约定的合同可能跟不上外部世界的变化，契约自由便可以帮助适应世界的变化。

因此，当英国通过国会大量产生成文法以后，大英帝国衰落也就开始了。

但当合同的意愿与法律法规有歧义时，民间的谈判合作就不是平等的了，有人就可以利用法规，钻法规的空子。更不用说法律法规会被利益团体影响。法规的存在也会对合同约定条款的执行增加变数，为违约行为提供了机会。总之，成文法制度会使经济失去活力，首当其冲，成文法限制的就是契约的自由。

一个合同是不是符合市场规律达到有效作用和合同是不是合法是两个截然相反的问题。

科斯 (Coase) 首开企业契约理论之先河，他是第一个运用交易费用方法研究企业存在合理性的经济学家。在科斯看来，市场与企业是两种可以互相替代的资源配置手段，二者的区别在于，市场资源的配置是由非人格化的价格来控制的，而企业的资源配置则通过权威关系来完成。但是，张五常补充完善了科斯的企业理论，他指出，企业也是市场，因为企业就是由一系列代表市场关系的契约组成的。其实张五常对于企业是合同安排的思想贡献的意义是不可否认的，包括 2016 年的诺贝尔奖获得者格罗斯曼和哈特，都是研究这个话题的，但合同安排思想的真正的奠基人是科斯和张五常。张五常的观点对我理解合同的意义帮助很大。

仔细观察任何生意，剥开所有的活动，比如企业战略、市场营销、财务会计、人力资源，剩下的是什么？是所有的合同，包括雇佣合同、股权协议、供应商合同、客户合同等。没有这些合同，企业这个实体不存在，商业也不存在。大家都在说企业是关于创造价值，合同才是价值真正被创造出来的地方。所以，谈判创造出的价值就是通过合同体现的。

合同的核心是激励机制

了解了合同无处不在，任何商业都可以从合同的视角切入，我们再来看看合同的意义是什么。

按照哈耶克的自发秩序思想来理解，合同就是自发秩序的结果。从谈判的角度看，合同就是谈出来的。如果说谈判是走向合作的博弈，那么合同就是将博弈的结果确定下来。合同最有价值的部分是激励机制设计，在不确定性的环境中的合同安排的主要目的就是为合作提供激励。企业制度、商业模式和交易结构的核心就是激励机制设计。

激励机制有难有易

从合作的角度而言，激励机制设计得不好的话，一来会影响合作方的利益，合作就是为了找到最大化各自利益的机会，激励机制设计不好，也就是价值创造的少；二来不能激励一方或双方参与者对于合同的执行，因为往往在谈判到签订合同的过程中，双方可能考虑的并不充分，一旦执行起来很多设计上的弊端就会被发现，觉得吃亏的一方就会失去执行合同的积极性；因此，合同的双方都应该有设计出好的激励机制的愿望。

一般来说，供应商和企业的产品合同因为需求比较明确，签约双方都是明确的所有权主体，激励机制的问题不大，或者说激励机制是很容易明确和设计的。只是一个是否能够明确合同内容的问题。这种合作往往就是简单的交易，靠价格等简单交易要素就可以完成激励机制的安排。

当企业之间的合作具有很强的不确定性时，比如研发合作、风险投资、新产品推出、渠道管理、战略联盟等，如何激励衡量合作伙伴的投入，努力和表现就很重要了。所以，激励机制设计问题也是适用在企业和供应商等合作伙伴关系上的。

而企业制度中的契约安排则比较有挑战。比如对于高管的雇佣协议，很多时候，由于信息不足，无法穷尽需要明确的事情、任务、职责，缺乏有效的监督手段，代理人即雇员就可以有偷懒、卸责、磨洋工等道德风险行为。学者很自然都会关注企业选择 CEO 的话题，到底企业的业绩表现是由于 CEO 的贡献还是 CEO 以外的因素。如果你真的可以模拟出市场因素，那么就可以分离出 CEO 的贡献。如果你真的有这些信息，那么就可以发展出一个完全合同。有人发展出了关于市场的模型，最终目的就是为了创造一个“完全合同”。最优合同理论，其实是理性主义的新古典经济学的思维。但这样的努力，效果并不好。主要是因为，这样的市场模型并不能反应真正的市场。

道德风险和逆向选择

无论是雇主和雇员，还是供应商和客户之间，都需要签订合同。因为委托人很难监督代理人的努力程度，而这就成了一个道德风险问题。当然，我们也已经知道有期权、股权、奖金、绩效考核挂钩等这些希望帮助激励和克服道德风险的手段。

总之，无法有效监督就会带来道德风险问题。所有的努力，无非是基于我们知道激励的重要性，一方面需要激励，另一方面，又不希望过度激励。

逆向选择是指那种“劣币驱逐良币”的现象。由于信息的不对称，市场会出现鱼龙混杂的局面，由于当事人无法确定产品和服务的质量，就不会愿意出高价去购买好的服务和产品，好的服务和产品就不会出现，这就是逆向选择。这一点在旧车行业非常突出，因为信息不对称，普通购车者无法确认车辆的质量，就不会花大的价钱去买车；如此一来好的车卖不到好车的价格，也不愿意去市场上交易。

逆向选择外生的，是合同本身无法解决的问题。道德风险是合同本身努力想减低的风险。合同管理者要对此了解。

第一，由于世界的复杂性、不确定性，契约当事人不可能完全预见到未来相关的可能事件，第二，个人的有限理性、契约当事人的机会主义和风险规避、信息不对称性和非完全性等，契约当事人或者契约仲裁者都不可能完全了解到与交易契约相关的全部信息。这种情况下，最优契约无法签订，这时会出现逆向选择和道德风险问题。

其实 Tirole 概括的最清楚，外生变量造成的就是逆向选择，内生的就是道德风险。换句话说，外在条件不明，就会产生逆向选择，合同无法说清楚的，就会是道德风险。

信息的不完全和不确定性，让我们初步认识到了契约的非完全性和事后调整的必要性。

两难之境：契约精神和契约自由

我们现在再来看外生的不确定性对合同的影响。非常简单，外在的不确定性会带来已经签订的合同是否需重议的话题。即使是能说清楚的约定，在外来变化的冲击下，也可能得不到执行，更不要说那些本来就说不清的事情了。即使是合同方没有歧义的约定，合同的执行也是有风险的。这是因为在合同执行上，可能是由于难以观测，或者有机可乘，或者是任何其他更大的诱惑，当然，也可能是由于缺乏约束力，总之合同的一方不按照约定执行。这也是商业运作中常见的现象。

违约不是简单的文化现象

很多人都喜欢用文化原因来解释违约现象，将对于合同的不重视视为文化现象（文献）。但即使是在美国这样具契约传统的法治国家，违约现象也非常普遍。所以，违约现象是一个具有普遍性的商业问题。我对将各国契约精神上的差别归咎于文化的思考方式并不认同，我们总是试图找出更具有普遍性和系统性更具有说服力的解释。

一方面我们都知道契约精神是指对于约定的履行不仅应该得到法律的保护，也应该上升到一个精神的层面而成为商业道德要求。另一方面，我们又受制于契约自由的原则，因为世界的不确定性，合同方永远可以有权要求重新签订协议或退出协议。在一个不确定性的世界里，我们知道变更合同的需求也是具有合理性的，但这个合理性是很难界定的。

合同的约束和市场灵活性的关系是一个两难困境。商业社会越来越高的不确定性需要合同安排具有灵活性，但没有成本或很低的解约和违约成本会使合同应有的约束力下降。

零成本的理论陷阱

新古典经济学中提到，在完全竞争的市场上，交易者有重新签订契约的自由，交易者可按不同的价格重新签订契约，其契约的价格由各种商品的供求状况所决定，直到所有商品的价格都相等时实现市场均衡。交易者在签订了契约以后，又可以找到更好的机会重新签订契约，而且可以反复进行，直到签约双方对现状满意不再继续签约为止。埃奇沃斯认识到了契约的不确定性，埃奇沃斯重新签订契约的交易模型创立了契约曲线和无差异曲线，并提出了契约的不确定性思想。

这个理念是完全契约的经济学思想基础，也体现了契约自由的精神。

其实，这是经济学理论对于合同的执行做了想当然的假定。一方面默认了合同的重议又默认了合同的执行，而且在理论上对合同的变更和执行都假定了零成本。虽然理论上均衡代表了各方达成协议的可能性，但均衡并不代表协议一定会按照约定得到执行。

理性的机会主义和“有效违约”思想

目前合同经济学的关注点目的在于指出主要的研究是道德风险问题。而道德风险问题主要是指那些无法明确规定的东西。而对于可以明确的东西，一般假定了它的执行可靠性没有争议，事实上也忽略了违约的可能。

张五常看这个问题的角度非常有趣和现实。他认为道德风险这类机会主义行为，本质上体现的是效益最大化在起作用。也就是说，机会主义其实是理性的，道德风险是理性的。所以，合同的激励机制设计的目的也是为了防止机会主义。如果把张五常的观点扩大到外生的不确定性，要求重议合同甚至违约也可以说是理性的机会主义行为。

美国大法官理查德·波斯纳掀起了经济分析法法学革命，提出了有效违约的理论。核心就是，如果违约的结果对经济有利，违约是可以的。这股思潮的核心就是新古典经济学理论。有效违约的价值在于给了违约经济理性的解释，但也继承了新古典经济学零成本违约的缺陷，而且将判断违约是不是具有经济理性变成了法官的裁决。那么，在这一点上，有效违约又违反了经济理性对市场看不见的手的信任。怎么可以将应该由“看不见的手”来协调的经济效率交给“看得见的法官的手”中呢？这才是问题的关键所在。

违约原因是因为违约成本太低

虽然我们认同违约或重议合同的合理性，但如果违约行为现象过于普遍，则不利于一个有效的商业文化和市场环境的形成。而对于违约行为的很多救济方式，如司法和仲裁，本身就代表着很高的交易费用——包括时间耗费、诉讼费用、结果的不确定，甚至人为和政治因素的干扰。如此，过高的交易费用会导致经济效益的下降，不利于经济的发展。

零成本违约：自由不是免费的

有些违约是可以避免的，如果合同安排上的缺陷使违约太容易的话。

一方面，合同的谈判一般关注合作成功对各方收益的影响，对可能的违约，谈判各方一般较少关注，甚至是回避的。实践发现，一方面，以销售和采购为代表的各方在谈判时一般不喜欢花时间谈违约的情况，甚至会刻意回避这个话题；另一方面，谈判时的各方代表往往并不代表本企业合同执行阶段的利益相关方。因此，没有激励或关注合同的执行阶段的问题，对于规定如何防止违约也不愿意去花时间，因为这样的话题总是让人感觉比较负面。

所谓契约精神说的就是按照合同的约定和理解来忠实执行。但实践中发现，即使是双方都同意的文字，双方的理解也并不一定一致。法律文本对于违约商务合同，一般仅是规定合同的管辖地以及一旦发生纠纷是采用诉讼还是仲裁等形式的一个规则性的约定，但这远远是不够的。很多标准合同，对此没有足够提醒和建议。

这些实践中的现象都给机会主义违约提供了零成本违约的机会。

我认为，用契约自由重新签订契约来应对不确定性是符合现实的，但是，契约自由不代表重新签约可以没有成本。否则，一定会影响契约的约束力和严肃性。

国人常有“规则是死的，人是活的”这种反智思维，就是忽视违约成本的机会主义行为表现。所以，需要提高契约条款的约束力，使违约必须付出代价和成本。

博弈论的实验表明，直接在合同中约定是最有效的，也是可行的，所以对于违约问题的直接沟通应该成为谈判的重要的一部分。在谈判阶段就合同安排中如何增强合同本身的约束力和强制性明确有效办法。在合同谈判的阶段，当事人对于惩罚条款的设计是最合适的最敏感的。

我的观点是，对违约行为有明确规定会最大程度防止和避免违约行为。

契约精神和自由契约一直处在一个两难关系，其实违约并不等同于违反契约精神，契约精神和自由契约并不矛盾，只是契约本身要明确违反契约的代价。所以，违约的代价必须在合同中明确，否则合同就不会被尊重。愿意对违约付出代价既体现契约精神也体现契约自由的精神。

《策略思维》中说过，“因为离婚容易了，所以现在结婚也随便了”，这是有道理的。如果你想杜绝机会主义，应该增加离婚的成本。

一家快销品企业和一家第三方物流提供商有着很多年的合作，合同还没有到期，这家企业的采购和运营以服务不好为由提出终止合同，并提出给对方30万人民币作为解约的赔偿。这当然引起了很大的反弹，因为这是一个每年有4000多万营业额的合同。30万赔偿的解约成本太低了，几乎相当于没有成本。这个决定因为太离谱，马上被物流企业的高层驳回了。

一个香港的壳公司和一家芯片生产企业签了投资协议，目的是为了拿这个概念去北京推动一个混改投资机会。但由于国家混改的业务被叫停，这家公司就一直拖延注资资金的到位。生产企业当然非常焦急。但我们看了当时签署的投资协议，虽然对注资日期有了明确的规定，但对于违约行为的约定则非常模糊。资金没有按期到位肯定是违约行为，但违约成本在合同上体现得实在太低。定金约定得太低、违约惩罚约定太模糊等，都会造成违约行为，你在法院的滚动广告牌上看到的、进行中的那些官司，大多是因为在这一方面约定不足。

如果在“有效违约”的基础上，再加上“违约的成本原则”，这样就可以有效降低违约的诱惑，达到减少违约的效果了。

第九章

谈判是人与人在谈

我在培训中发现一个有趣的现象，每一次都有几组学员同时演练同一个谈判安排。每一方拿到的资料都是一样的，但从没有哪两组出现过完全一样的结果，即使价格碰巧一样，但过程也不可能完全一样。

这揭示了一个很重要的道理：即使事实和逻辑都一样，但每个人的思考和演绎也不会一样。而且，不仅仅是思维逻辑，每个人的个性、价值观不同更会导致各种各样的不同结果。

这一章我先介绍四大挑战和人的关系。对于人与人的互动的重要性做一个铺垫。接着，介绍一个互动矩阵来分析人的互动。然后从三个方面围绕互动矩阵展开。

四大挑战和人和人之间的互动

因为有人的存在，四大挑战才有意义。

首先，信息的不对称，来源于每一个人的专业化不同，经历不同，价值观不同，立场不同，利益不同。

其次，无形化资产包括知识和信息，它之所以无形化是因为它存在人的脑子里。一方面我们有高于科学的心理和精神世界，另一方面我们在准确描述世界方面有能力限制。

再次，有限理性说我们不是机器和设备，也不是人工智能，如果信息的不对称是人类掌握知识的局限性所致，那么有限理性是人对同样信息的多样性或不确定性的反应特点。

最后，未来是不确定的。虽然我们担忧、不喜欢这些不确定，但因为我们不喜欢不确定性，我们就会去管理不确定性。我们会人为地主观地分离出那些具有确定性的部分，这样我们就可以去处理不确定性了；这是人的聪明之处，但同时也是我们最误导自己的地方。因为我们很可能就会以为世界是确定性的，或者一定是有规律可循的。但世界的规律，大概只有上帝才知道。尤其是现在我们所处的时代，世界的不确定性更是增加了。在一个具有确定性的互动或一个具有不确定性的互动中，人的行为方式会完全不同。

有人说，当下热门的人工智能，就是依靠每一步独立又冷血的计算最优概率，来战胜人类的，例如阿尔法狗。这是言过其实，这种思考方式就反映了说这样话的人对于不确定性的错误理解。棋盘的世界是一个既定的确定性的世界，它的变数是天文数字级的但却是可数的。这样的世界，人工智能可以发挥优势，比如处理速度和数量，但棋盘以外的世界，是不确定性的世界，是上帝留给人类而不是人工智能去发挥的世界。

从双赢矩阵看互动

我用一个双赢矩阵来表示人与人互动的种类和特点。双赢矩阵告诉我们什么样的互动需要什么样的风格。我们同时也知道我们每一个人也确实有不同的冲突和分歧处理风格或者叫谈判风格。最后，我们将两个分析放在一起来观察在不同的互动中不同的风格会出现什么现象。即使是一场非对抗的高尔夫运动，在理论和技术上球员互相之间在身体上无接触，但心理层面却是一定有影响的。一个三码的推杆，大多数人在多数情况下都可以推进，但若是在比赛过程中，同样距离的推杆，后面的在看到前面推进或推不进后，都会对自己有影响。无论专业还是业余，都存在这样的影响。

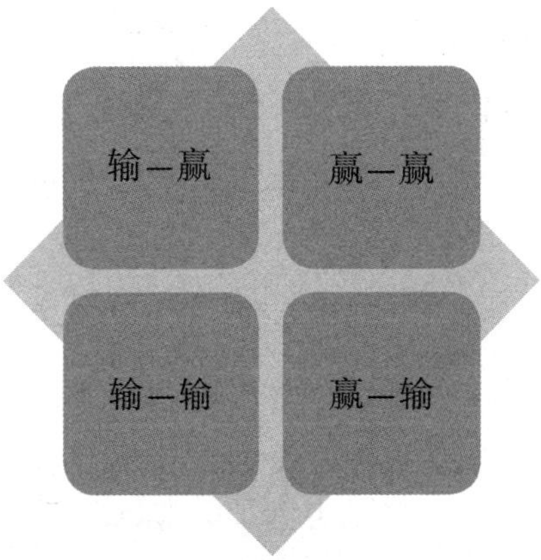

双赢矩阵

赢—赢互动

双赢互动往往发生在这种情况下：基调是你的这个问题我能帮助你什么，是一个双方可能在一起共同解决问题的情境，是一个合作的氛围，需要体现同理心、信任和诚信，需要聆听、询问，并试图找到协同效应（Synergy）和附加值，还要看得要远，不应有太多的权谋和心机，大家的智慧用在解决共同的问题上面。在这个情境中的问题往往呈现长期性和不确定性。

现在很多听着不错的概念其实都是纯理想主义和一厢情愿的。

史蒂夫·柯维（Steve Covey）定义双赢是“a frame of mind constantly seeking mutual benefits in all human interaction”，即“一种在所有人的互动中不断寻求互利的心理框架”。这样的定义其实是不够的，无法把握到底是不是真正达到双赢。

可以用博弈论为“双赢”引入一个更具可操作性的定义：双赢就是你的赢是建立在对方赢的基础之上的，就是以对方赢为条件，而不是一个无法把握的你赢我也赢的空话。

赢—输互动

在赢输互动中，目标非常明确，就是要赢。有时，我们需要快速做出决断。但如果你处于一个高杠杆的市场地位，非常强势，比如需求量很大，具有市场地位的品牌，市场中有很多供应商可供选择，这时，你就不必太多顾及供应商的利益。你利用的是市场规律，甚至是丛林法则，你可以采用竞标等选择手段来赢。

与双赢互动的长期性和不确定性不同，在这个赢输或者输赢场景中，往往不需要考虑是否会有长期的合作——你可能只是在做一次性的生意，比如买一辆普通的车，甚至二手车或是在旅游景点买纪念品，你可能这一辈子都不会再来这个地方。

市场竞争一般都是以战胜对手为出发点，走到极端的就是以搞垮对手为目的。战争更是充分体现了谋略在“赢—输”互动中的价值。体育比赛也比较规律性地体现了赢输互动的特点。

如果确实是强势的地位，可以制定规则让其他人遵守；如果实力相当，则多使用计谋和迷惑对方的战术，让对方犯错，以寻得战胜对方的机会。

输—赢互动

我们也应该注意和赢输互动正好相反的互动：输—赢互动。

美国在太平洋战争接近结束的时候，在如何攻打日本本土的问题上，首先思考到日本人会顽强抵抗的。但当美军攻入日本本土的时候，完全没有遇到任何抵抗。日本人的行为为自己换来了战后和平发展的空间。我们中国人有个愿赌服输的说法，说的就是在这个互动中需要具有的心态。

也许，你并不是弱，你的目的是建立长期的合作关系，利用互惠心理赢得今后更大的利益，这是你目前愿意放弃一些利益的理由，而非仅仅示弱，这是具有战略眼光的。

有时候，一方的坚持是没有意义的甚至是错误的。你确实是错了，让人失望了，或者你希望给人留下一个讲道理的理性印象。比如，一家供应商就是因为自己的问题造成了客户的损失，如果在这样的问题上还坚持争辩，不让步不认错，对自己是不利的。这个时候，承认现实可能是最好的选择。或者你觉得自己之前过于强硬，需要软化一下自己的立场；或者这件事情并非十分重要，而你有更重要的事情要去处理，在这点上没有必要过度坚持，不如让步。

主动选择输或者让步是需要智慧的，而且这是人才具有的智慧。现在谈到人工智能有点谈虎色变的感觉，但我认为，如果有一天 AlphaGo 能故意输棋的时候，才是对人类真正考验的时候。

双输互动

最典型的双输就是博弈论中著名的“囚徒困境”[①]。不是因为决策错误，恰恰因为大家决策都是正确的。很多时候，我们都以为自己在努力，甚至各方都在努力，但换回来的却是谁也没有得益的局面。这个理论上的困局和我们现实生活中的困局是非常一致的。生活中，我们也很难走出困局，比如交通拥堵现象、孩子的家教补习现象、走后门送红包现象，这些都是囚徒困境，如同理论上的困局，现实中的囚徒困局也似乎无解。

比如，同一行业的竞争对手，如果做出一个对行业整体不利的事情，虽然自己的竞争对手可能损失更大，自己可能比竞争对手获益多一些，或者损失少一些，但行业整体利益被做坏了。这就是一种双输的局面，损人不利己说的就是 种双输的局面。

商战中不计成本不计后果的价格战就是这样。《孙子兵法》的谋攻中说，“伤敌一千，自损八百”，就是这个道理。

当然双输也是可以具有战略意义的，有勇气知道不具备成功合作条件可能也是成熟的表现。不要去勉强决策或合作，可以为我们避免很多风险。双输也可以包括主动不作为。不是逃跑，你只是想延迟做出决定，希望在后面找机会重新开始，或者需要上级决策，取得上级的支持并同时争取时间。

战略意义的有意识地选择“双输”应该不会让局面真正陷入双输的困局，真正的双输往往都是因为各方都特别想赢导致。

我们可以针对不同场景而选择不同风格，这需要我们具备明确的意识。从双赢矩阵上看，走出困境是如何从左下角走出来并达到右上角的问题。谈判沟通就是为了将互动的结果从右下角“双输”移到左上角的“双赢”！

---

①囚徒困境，是博弈论中非零和博弈的代表性的例子，反映的是个人的最佳选择并非团体的最佳选择。这个故事讲的是：同一案件的两个嫌疑犯被分开审讯，警官分别告诉两人，如果都不坦白，由于证据不足，两人都判刑一年；如果一人坦白，则坦白的人可立即获释，不坦白的则判刑十年；如果两人都坦白，则因证据确实，都判刑八年。由于囚徒无法信任对方，于是从各自的利益角度出发，都依据各自的理性而选择了坦白。

主观判断决定互动性质

说了每一种互动的特点，我们调至 180 度来看这个问题。其实，互动的前提是我们每一个人对一种关系的判断。这个判断其实是主观的。比如万达的王健林认为他与迪斯尼是竞争的关系，但迪士尼就完全不这么看。很多人抱着商场如战场的心态来看任何商业关系，就可能把原来可以合作的关系也当作敌对的方式来处理。所以，是我们的主观判断决定了互动的性质。

在很多谈判中，我首先看的是对方对于互动关系和大环境的判断，这往往是一个价值观的问题。

这个问题，是中国这一代企业家自己所意识不到的。王健林的情况在中国的企业家中非常普遍，这可能是这一代人的问题。改革开放摸石头过河的时代，让中国的改革过程有很多丛林法则的特点。但当我们结束了跟西方先进国家学习而进入竞争的时候，这一代人的价值观还是具有非常明显的丛林特点的。

但在一个国际的商业舞台上，价值观不同，可能就会导致不同的互动。

必须双方都意识到是双赢，才可能是双赢的互动。在这个前提下，再去看双赢互动需要什么样的行为方式才合适。否则，我以为是双赢，你却在那里憋着劲想着一定要赢我。

几轮下来，我作为理性的一方可能不得不改变策略，而相应地，我的改变又会影响到你继续改变，如此一来按照博弈论的道理，最后就会达到纳什均衡[①]的囚徒困境，也就是一个双输的局面。可能谈判的一方改变对方对于互动性质的判断，比在谈判过程中，用什么样的技巧重要得多。

主观判断决定互动的性质，一个互动是可以双赢的，但如果你的判断是输赢的互动，那么最后这个互动就会走向输赢而不是双赢。

①纳什均衡，指的是参与人的这样一种策略组合，在该策略组合上，任何参与人单独改变策略都不会得到好处。换句话说，如果在一个策略组合上，当所有其他人都不改变策略时，没有人会改变自己的策略，则该策略组合就是一个纳什均衡。这时，个体的理性利益选择是与整体的理性利益选择不一致的。

个性风格决定互动结果

我们现在来看个人风格的影响，个人风格在互动中是容易展现和观察到的，所以是很好的切入点。我们最自然的冲突处理风格会影响互动的性质和结果。

Thomas-Kilmann 于 1975 年创造了一种测试一个人处理冲突和分歧时的方式。冲突和分歧状况是指在某种状况下，发生冲突和分歧双方的利益矛盾出现了不可调和的局面。在这样的情况下，有两种不同的取向：一种是坚持自我，也就是从自己的利益出发来考虑问题。一种是愿意妥协，也就是愿意从对方的利益出发来考虑问题。

五种谈判分歧处理风格

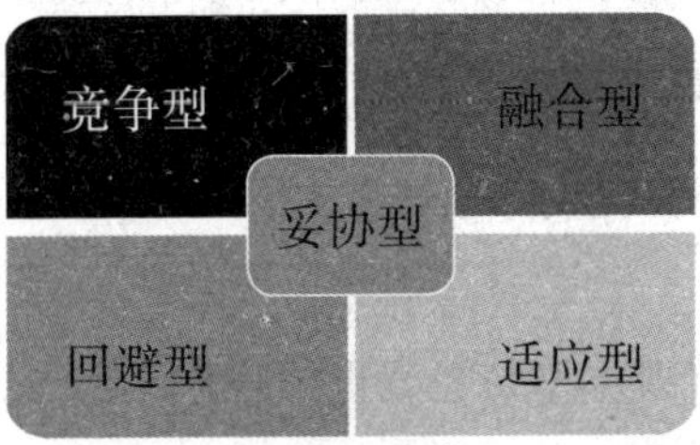

五种谈判风格

我们根据双赢分析得出，各个不同场景中的最适合的风格和氛围在双赢矩阵上会呈现出以下五种风格特点：

（1）竞争型

这种方式表现出坚持自我以及不愿合作的状态，为了达到个人利益而不惜牺牲他人利益，这种方式来自于力量；使用各种力量以获取胜利、争辩的空间以及排位等。竞争也可以解释为“为了你的权利而站起来”，捍卫你所相信的是正确的，或就是想尽办法要赢。

（2）融合型

这种类型既坚持自我又愿意合作，与回避型相反。愿意与他人合作使其能找到满足双方需求的解决方案。这需要深入研究问题本身，能从中挖掘出双方的利益，从而帮助大家找到一个能够满足双方需求或利益的可能途径。

（3）妥协型

这种类型是居于坚持自我和愿意合作两者之间的。这个类型的人努力寻求一种分歧双方都能接受的解决问题途径，但是这样的途径只能满足双方的部分需求。这种方式处于竞争型与适应型之间，相比竞争型的人更愿意放弃一些自我利益；而相比适应型的人则更加坚持自我。同样，在处理分歧的方式上，妥协型的人比回避型的人更直接，比融合型的人更间接。妥协则意味着分享分歧、交换利益和寻找中间路线。

（4）回避型

这种类型的人既不坚持自我也不合作，既不追求自身利益也不关心他人利益。回避型的人不愿面对冲突，善于技巧地回避主题，或者直截了当地从危机情况中脱逃。

（5）适应型

这种类型的人同样既不坚持自我也不合作，是与竞争型相反的另一种类型。适应型的人常常为了满足他人而忽视或者调整自己的利益及需求，具有自我牺牲精神，即使并非赞同也愿意无私慷慨地按照他人的意愿来执行。

以上这些类型我们需要强调一下，这些情况是一个人面对冲突时最可能最自然的反应，当工作和生活中的很多互动关系并不表现冲突的特点时，这样的风格特征也并不会很明显。

如果我们把这几个矩阵叠加在一起，就可以做很有意思的分析。

首先我们知道了互动形式不同，起码可以有四种分类，双赢、双输、赢输、输赢，每一种互动博弈中也各自有各自的价值。

我们自然的风格，可能很适合某一类互动。这就是我们所说的合适的位置，但如果我们换一个象限，我们最自然的风格可能就会很不合适。比如过于强势的人放在一个合作谈判中，或者过于迁就别人的谨小慎微风格的人被派去处理一个需要强势的工作，就可能不合适。

参与博弈与否可以是主动选择

互动矩阵其实呈现了四种博弈，对于分析互动的关系是有意义的。合作也好，竞争也好，都是一种互动，是博弈。但有的时候，你可能就不认为要处理的事情是一个博弈关系。即使是博弈，你也可以选择是参与其中、成为博弈的一方，还是选择置身事外。领导力包括代表一方去和利益相关方谈判的能力，也可以选择斡旋和仲裁等协调冲突的方式，即一种置身事外的选择。这对于领导力尤其关键。

这里我想讲两个案例，看看为什么同样是强势风格的曾国藩和肃顺，处理事情最后完全不同的结果。

第一个是曾国藩处理天津教案的故事。

1870 年，天津出了一件事。当时很多外国传教士到中国传教，他们也会做慈善收留一些无家可归的儿童。但也有很多老百姓相信传言，说西洋人是要用幼儿的眼珠子、脑子做药引子。于是很多人就冲到教堂里，要看看到底是怎么回事。当时法国驻天津的领事丰大业听说这事后，就去找天津的知县算账，没想到一言不合，他掏枪把知县的一个随从给打伤了。大庭广众之下发生这样的事情，老百姓不干了，当场就把丰大业给打死了。后来发展到老百姓冲到教堂杀了一些法国的外交官、神父和修女。杀了人的百姓还是不解气，最后，又一把火将教堂和法国领事馆都给烧了。

朝廷把曾国藩调任直隶总督，让他处理天津教案。当时国内的舆论压力很大，谁要是偏向洋人，谁就是卖国贼，肯定会遗臭万年。另一方面洋人也不是吃素的，当时法国人已经把军舰开到大沽口了。作为一个负责任的大臣，如果不跟洋人妥协，不做出适当的处理，就是对国家的一种不负责任。这道天大的难题就摆在了曾国藩的面前。

曾国藩是怎么处理的呢？我们今天再来看，会发现他其实处理得很简单，就事论事，分三步处理。第一步，谁杀的人？谁杀人就是谁犯法，抓起来就得杀头。后来一调查，有十几个人冲进教堂杀了人，那就全部抓起来砍了。第二步，这次事件不是波及其他国家吗？那你们也别围着我闹，你们说赔多少，我们就赔多少，最后总共赔了 45 万两银子。第三步就是单独跟法国人谈。你们说杀了外交官是有辱国体，那么我们道歉。当时在天津的通商大臣崇厚没处理好这件事，那就由他代表中国政府到法国去赔礼道歉。当时在法国当政的著名政治人物梯也尔接见了崇厚，只讲了一句话："既然你们处理成这样，我们也交个底牌，我们并不是要中国人的头颅，我们只是要相应的秩序和国家之间交往的正常礼节。"这样一来，天津教案事件就平息了下来。

另外一个是肃顺的故事。

咸丰皇帝死的时候，小皇帝同治尚且年幼，慈安、慈禧两位太后年纪轻轻，又是妇道人家，所以咸丰皇帝事先安排了以肃顺为首的八个顾命大臣，处理朝廷所有的日常行政事务，但朝廷要下发谕旨，最后都要让太后过目，太后觉得不行就行使否决权。

肃顺呢，一直担心这俩太后要夺他的权，特别是对慈禧那是相当顾忌。虽然他很想让咸丰皇帝把慈禧宰了算了，但终没能如愿。咸丰皇帝死后，他越来越担心。当时有一个叫董元醇的御史，上了一道折子，提议请太后出来垂帘听政。肃顺如临大敌，于是草拟了一道谕旨来批判董元醇，但两宫太后拒绝盖章，肃顺就以八大顾命大臣就"罢职搁车"来要挟，太后们无奈，只好同意了，这个仇就此结下了。之后又发生了一件事，恭亲王奕䜣的哥哥死了，奕䜣想去避暑山庄奔个丧，可肃顺等八大顾命大臣就是不让，担心他和两宫太后串通密谋。最后，趁两宫太后为咸丰皇帝扶灵不在京的空档，奕䜣真就派兵把八大臣给抓了，回京慈禧太后做的第一件事就是把这帮人给宰了。这就是历史上著名的“辛酉政变”。

肃顺是一个能臣，为什么会犯下这样的大错呢？有人认为，这是一个能力问题，我认为可能更是个人风格的问题。从曾国藩处理这个问题的风格来看，他应该是一个竞争性强的人，而在这个问题上，正好这样的风格是处理这类冲突最合适的风格。肃顺其实也很较真，竞争性也很强，但在这个问题上，互动的另一方即两宫太后可能不这么看。这个风格在这时就有了问题，因为肃顺对于局势的判断是一个赢输互动，这注定了他会输。如果他换一个角度看问题，自己不是冲突的一方，历史就会不一样。

所以，我们说对于局势的判断，也就是互动性质的判断很重要。

最后，一个互动关系到底是输赢，还是双赢，其实更主要的是取决于决策者对关系的判断，往往反映了每一个人的价值观。所以，互动性质是受每一个人主观判断影响的，这也增加了互动的不确定性。同时，每个人的风格也在影响互动的性质和结果。是否一定参与一个互动博弈关系，可以是一个人的主动选择。

|第十章|

谈判中的道德和诚信问题

传统的谈判培训都会提到英国人的规矩：所有的事情我都有权不告诉你，但我告诉你的事情一定是真实的。

但是，根据统计，普通人在 10 分钟的对话中平均撒 3 个谎，这样看来我们每天都生活在谎言之中。

为什么要撒谎？人的大部分行为都能够寻找到内心的动机，撒谎也不例外。从这个角度来看，谎言基本可以分为两类：一是故意的，说严重些就是预谋好了故意骗人的，另一种就是无意识脱口而出的。至于说谎的动机，无外乎三点，一是为讨别人欢心；二为夸耀自己；第三就是自我保护。

谈判中的谎言迷局

严格来说，不说谎话称不上是一个技巧，但你把它看成是技巧也可以。这一技巧的核心在于——我可以不说话，但只要说出来的就是真话。很多人把握不好这个底线，比如，买方询问卖方为什么要卖出房产或车子等，这是个常见的关注点，也是一个不错的谈判技巧，“为什么”的提问方式值得被鼓励，关键是怎么回答。首先，你可以不回答，并告诉对方你现在不方便说，这是个非常诚实的回答，不会对你造成有任何损失，也不会让对方感觉到你对他不信任。

有一个非常聪明的学员，他在几个谈判案例中的借口和理由往往都是随口即来的。两天下来后我对他提出了一些忠告，“你很聪明，反应也快，你会有一个很成功的职业前景。但是，编造理由一旦被人识破，你的诚信就会出现问题。特别是如果你代表公司谈判，你的同事以及老板可能和你在一起，如果他们看到你在说谎，即便你可能会为公司拿到单子或不错的交易条件，但他们依旧会把你说谎的行为记在心里，日后在与你打交道的过程中会小心提防。最后，和谈判对手谈判毕竟只是商业生活中的一个部分而已，你还有更多的内部谈判和沟通要做，一旦了解你风格的人对你说的事情和观点打上问号，不要说对谈判不利，对你的职业发展也会有负面影响。所以你这个风格最后不一定对你很有利。”

正如孔子所言：“内不欺己，外不欺人。”

如何判断一个人在说谎呢？

第一，从语言上识别谎言

有准备的谎言特点：回答问题时过于迅速，采用过于低沉的语调以及修饰过度的表达，以显得认真、真诚、具有控制力。

缺乏准备的谎言特点：会有很多表白自己绝不会撒谎的前缀修饰，回答问题时犹豫，不是过快就是过慢，音调会提高并伴有颤抖。

撒谎者会用拖延时间的技巧：如让你重复问题或夸你的问题好，借此绕开问题，表示事情并不那么简单。诚实的人愿意开诚布公地讨论和研究问题，撒谎者会保护自己而轻易否定对方，不容易接受沉默。

第二，从行为识别谎言

撒谎者并不回避目光接触，但我们可以关注其眨眼频率是否突然增高，因为瞬间的窃喜、恐惧、鄙视一般很难控制。

右撇子目光抬起并向他们的右方移动，很大可能是他们在撒谎或者编故事，左撇子相反。不，这不是说左撇子不撒谎！

真诚的笑容来自眼神而非嘴部，撒谎时人的眼部皮肤会多动，嘴里说肯定却左右摇动头部，这是不一致的信号。即使是点头，如若点头很慢很勉强也有问题。另外，对方身体和你的距离在拉大，脚尖指向房门也是可能撒谎的表现。

此外，撒谎时易出汗、摸鼻子、掩嘴、揉眼睛、不断地清嗓子、摆弄服饰、头发、领带或袖扣等。

如何应对撒谎者呢？最好采用以下几种方式：

- 好奇的态度，多问问题；
- 使用追究问题不放的技巧；
- 同样的问题用不同的问法，要求对方反复解释；

- 用怀疑的眼神，或者保持沉默；
- 撒谎者不喜欢冷场，那就让他们发挥，越发挥漏洞就会越大。

有的人意识到别人撒谎后，会很愤怒。但你问你自己有没有在谈判中撒过谎？如果有，那就不要埋怨指责别人在谈判中对你撒了谎。

理解这个道理不难，但做到很难。如果可以说谎，那关于谈判能力的培训就显得意义索然。谈判能力的提升就体现于要在不能说话的局限条件中找到最好的解决办法，让表达合理得体，这是需要练习的，也只有对自己有要求才会有需要。

撒谎在谈判中很容易通过肢体语言被识破，学界有很多关于撒谎的典型表现。我来讲个案例，有一次我在候机室里看到一部关于撒谎的纪录片，说人在撒谎时用的词汇和描述的场景会比较模糊，眼睛周边的皮肤互动也会更频繁。

我们虽然不必苛求自己成为微表情专家，但就我个人体会而言，既然肢体语言不会撒谎，那就表示我们每一个人都可以看到其他人撒谎，但能看到不代表能意识到，意识到也不代表感觉到。但只要对方撒谎，我们就一定能有所察觉，肯定会有一种不舒服的感觉，只是很难清楚描写那种感觉。当然，如果在等待自己希望得到的答案时，就不会意识到对方在撒谎，会下意识地避免承认对方在撒谎，贪婪的人在面临骗子的时候也是这个道理。

我记得我曾看过一个视频，视频中有两个人，一个人正准备在ATM机取钱，另一个人站在后面。后面的人说："我知道你银行卡的密码"，取钱的人当然不相信。然后当这个人取钱时，后面的人没去看键盘而是一直盯着取钱人的面部表情。当前面的人取完钱后后面的人果然说出了密码。我愿意相信这是真的，因为有的人可能是天才，也有人是通过练习读出别人微表情达到的结果，也就是说当人的脑子里想每一个数字时表情是存在细微差别的。

有一部叫《不要对我撒谎》的电视剧就是教人识别谎言的，主人公是微表情的专家，他就是通过嫌疑人的表达和表情找出破绽来协助警方破案的。

诚信也需要有利土壤

信任是一个需要赢得的东西，很难取得，但失去却相当容易。谈判过程就是一个赢取信任的过程，谈判双方都希望对方相信自己，无论态度好坏，即使态度不友好地使用威胁等方式，其目的依然是为了让对方信任，一旦有一方对所描述的立场有任何怀疑，达成协议就显得困难非常。

我在课堂上用重复的囚徒困境游戏，发现一个规律：当有一方主动表示合作的诚意时，往往第一回合，对方并不接受；但当一方给出连续两次的诚意时，对方往往开始信任你的合作诚意。所以，要想对方信任你，第一必须主动，第二要有连续的表现。当然，如果对方一直不接受你的诚意，你也没有必要继续坚持。如果你有强烈的宗教信仰或一种信念，那就另当别论了。

为什么说旅游景点是一个没有什么商业道德的地方呢？因为这里无法形成长期互动的博弈方，游客可能永远不会再回到这个地方。我们往往有这样的体验，比如去了某一个游客很少去的城市或乡村，发现那里的人都很淳朴，说什么人家都相信。这还真不是教养问题，而是当地人长期处在一个人群社区相对稳定的环境中，道德和诚信都是这种互动环境中很重要的存在，所以那里的人就有道德。我们置身于那个环境中，其实就是享受到了那个道德环境的结果。

所以，一个有未来的地方就会有道德，道德才有价值，当可以长期互动时诚信才有意义。

一个政府或公司的责任就是要给社会成员长期的信心，让大家看到希望，这大概也是哈耶克认为政府可以起作用的地方。

写到这里我想起一段经历，当时我在澳大利亚莫那什大学的经济学发展中心学习，选了Bob Rice老师的一门“发展经济学”课程，其中讲到腐败问题。当时我觉得这个问题很好理解，肯定是和一个人的思想觉悟有关。但Rice的解释却让我极为震惊，他说：“有政府管制就会有腐败。”怎么会这么简单直接？要知道Rice为人敦厚善良，还是一个左派的经济学老师，但学术就是学术。我后来一想果然是有道理的，李嘉诚作为私企的老板不会有人专门用钱贿赂他。当然，私企的老板是不是贿赂政府官员又另当别论。这些年，国内寻租理论的引进充分阐述了这个道理。

人类社会的互动具有不可预见性，信息也分散给了每一个个体，所以不会有机构能够代替别人做出整体最优的决策。所以哈耶克主张自发秩序，而他的自发秩序思想就是在普通法中充分体现的。很多人将普通法的案例法精神等同于“具体问题具体分析”，这是大错特错的。普通法制度鼓励合同的自由，但法官判案是依据法理和传统的，怎样理解呢？

首先，普通法的法官判词都是在引用或阐述可以传世的普遍规律，而不是具体问题具体分析。所以普通法的法官律师在学习过程中必须读大量的案例去理解和继承法理，这恰恰是为未来寻找稳定的规律，这样才可以保证法律的“可预见性”。符合自发秩序的普通法能在英国发扬光大与英国君主生来的弱势也有关，国王做事也要根据和贵族之间的协议来进行，绝对不可造次。法国拿破仑颁布拿破仑法典的事情在英国是绝不可能发生的。

再者，长期的稳定强化了法律的权威，法官之所以能不被贿赂，除了高薪养廉还有他们对未来名声思想传世的价值取向。因为有明天，诚信才有价值，因为有未来，道德才有意义。

记得当年苦读基于普通法的海商法保险一节时，读到大法官丹宁的判词：

“不应该有任何人从一个灾难中获益，如果有任何人可以从一个灾难中获益，这个灾难一定会发生”。这是博弈论的思维，揭示的是绝对深刻的道理。张五常说他是博弈论的奠基人，但如果你读到这里，就会说原来大法官才是博弈论的奠基人。普通法法官判词不容易读懂，但每读懂一条就是读者思想的升华，那些读一辈子判词的律师法官都是什么思想境界也就可想而知了。收买贿赂这样的灵魂，谈何容易？

中国传统中本来有着极强的诚信精神。一位学者型企业家曾和我说，中国人传统中有“父债子还”的概念，虽然这个理念不如有限责任制对于公司制度的意义来得伟大，但也从另一个方面说明了中国人对于诚信的重视。

获得诺贝尔和平奖的尤纳斯有一次在国内央视频道做节目，谈到腐败受贿问题时，举了一个例子，他说格莱珉的业务员有规定，连一杯水都不可以喝。这一点非常重要，贪污受贿的一个防范最好的办法就是我连让你辩解的机会也不要。香港的大法官在收到不明信件时，必须把法警叫到身边一起拆开，更不要说在公共场合和案件的相关方一起出入酒馆饭店和声色场所了。

社会氛围与道德风险

互动就是博弈，而博弈是单轮博弈还是重复的多轮博弈，重复博弈中是有限次数的重复还是无限次数的重复，都对行为产生影响。一个单轮的博弈，是一个只能猜测揣摩的游戏，人只能做最坏的打算。其实我们所常说的人的短期行为，或者短视，都是如此。如果人按照逻辑推理，如果重复是有限的，人的思维都是从结局倒推的，也就是说在最后一轮决策的时候，人的心态就如同单轮博弈，那么，回到倒数第二轮时，也就是最后一轮博弈。依此理，有限次的博弈，人都是短视的。我咨询了一些企业，发现在海外不打价格战的行业，在中国也会价格战。这一方面是中国的市场环境问题，也和这些外企在中国的决策者往往都是有固定年限的。无论他们的管理水平如何，但这样的安排就不利于他们有长期的打算。所以，卷入中国的价格战也是必然的。

有学者做过实验，既然是囚徒困境，如果玩很多轮，就会产生合作，当然，前提是对于不合作有着及时惩罚的话。根据我在课堂的实验，如果你不告诉游戏者游戏何时会终止，这相当于无限轮次的重复博弈，合作都会成为主要诉求，合作的信号是，游戏者愿意承担一些单轮的损失，换取对方对其合作诚意的认可。

所以，我的推论就是，长期的重复博弈有利于建立社会的合作氛围，道德观念和诚信等精神层面的规则和理念，会让社会远离竞争。换句话说，如果人们对于制度和环境有着长期的信心，人们会形成一些社会规范，有学者称之为社会理性或集体理性。

在一个建立了社会道德和规范的社会中，诚信会降低交易费用，所以就容易形成一个良性循环。形成了规范的社会就对人的行为有所要求，比如巴菲特的老师格雷厄姆就对巴菲特的做法有所保留。这里说一下巴菲特的价值投资，其实巴菲特的价值投资，就是不要轻易抛股交易，从本质上讲是一个长期博弈的思路。但是巴菲特喜欢和管理层沟通的做法被他老师批评，因为他的老师认为他这样的做法对其他股民不公平。

当然，很多商人听起来会觉得有道德圣人或天方夜谭之嫌，但确实一个好的社会就必须有这样一批坚守道德底线的人群。大多数人眼中他们可能是另类，但不可否认的是他们的价值很大。

|第十一章|

谈判中的互动和创意

谈判是一个特别能体现不同决策者互动特点的课题，很多关于谈判的观点听起来有趣，但倘若不放在理解互动规律的背景或框架中讨论，那就只能是一厢情愿。我对管理学院的战略理论以及市场上的战略咨询服务的批评，也主要基于这一点。在理解了谈判是一项互动合作的人类活动后，就会知道原来我们彼此都是互相影响的，这是谈判培训必须说清楚的前提，而博弈论是研究人类互动的学问。如果一场谈判培训没有介绍博弈论，那就是不全面的。目前没有比博弈论更好的研究人类互动的学科和思考方式。

杨小凯介绍博弈论时提到谈判就是续贯博弈（也叫相继博弈或动态博弈）。我也一直坚持在谈判授课中引入博弈论，甚至有没有博弈论视角也是我判断我所听到的关于谈判的各种观点的意义的标准。

我之所以要在本书中引入博弈论，契机就源于一档英国的益智类电视节目——《财富金球》。

从《财富金球》说起

英国益智节目《财富金球》每集会请到 4 位参赛者经历一连串的大脑考验，最终会留下 2 位参赛者，2 人必须在“独占”和“平分”中二择一来赢得奖金。《财富金球》节目经常让观众能看到人性天真、贪婪或丑陋的一面。其中有一位叫 Nick 的参赛者用了此节目史上前所未见的一招，让自己赢得了奖金。

这一次，财富金球得益矩阵如下：

总奖金 13600 英镑

Nick

Abraham	平分	独占
平分	6800，6800	0，13600
独占	13600，0	0，0

《财富金球》中 Nick 和 Abraham 的选择矩阵

总奖金是 13600 英镑，2 位参赛者，Nick 和 Abraham，他们两人必须在“独占”和“平分”中二择一来赢得奖金。

首先，这是一个博弈论的游戏。因为最后的分配方案取决于两个人同时的“独立”决策，而不是随任何一个人的选择。按照规则，这本来是一个静态博弈，或者是一个同时博弈。我们熟悉的石头剪刀布游戏就是一个典型的静态博弈。特点就是每一个都是同时出牌，即同时决策和行动，事先没有商量。

奖金总额是英镑13600。参赛者Nick选择先发制人，他在游戏一开始就向对手Abraham声明“我百分百会选‘独占’”，且要求对方选择“平分”，并保证在节目结束之后会和对方平分奖金。这个提议让Abraham十分惊讶，即使Abraham试图说服Nick“我们两个都选择平分”，Nick都坚持自己无论如何会选择“独占”。最后Abraham妥协，表示放弃“独占”这个选项。也就是说，两人已经达成“协议”了。但令人没有想到的是，在真正翻开金球的时候，Nick选择的也是“平分”，结果是两人各获得英镑6800元奖金！

我在培训的课堂上也做过类似的游戏，会让学生先讨论自己的选择。起初基本上会有一大部分人选“平分”，少数人选独占。我会问他们理由。但我感觉这样的选择很多人是因为身处课堂的场景，不想给人留下贪婪的印象，可从本质上来讲大家的选择还是因为没有对游戏做出分析和理解，没能真正明白这个游戏。无论出于什么理由，选择平分还是独占，其实都没有想到，对方可能选“独占”。有的学员就是抱着赌一把的心态，选择独占或平分。

我这时采用数学期望值法计算了两种选择的可能回报（payoff）供学员们作为决策或选择的参考：

> 平分：1/4×6800（两人都选平分）+1/4×0（你选平分，对方选独占）＝1700英镑
>
> 独占：1/4×13600（你选独占，对方选平分）+1/4×0（两人都选独占）＝3400英镑

这是当这个游戏重复很多次的理性期望值。这一计算完全基于科学，计算本身没有任何问题。这个计算结果告诉我们，理性的选择应该是选择“独占”。

因为在概率上两个选择没有优劣之分，但回报却会不同——选择独占的得益会比选择平分的得益要大一倍。

这时，会有一些人将自己的选择从之前的“平分”改为选择“独占”。对于那些还是坚持平分的学员，我会挑战他们：如果独占的支付函数 3400 代表着贵公司的最大利益，也就是你在谈判中希望得到的最好结果，比如代表能得到的一个最优的价格，或是最大化的企业利润，你还会选择平分而接受最优价格的一半吗？这本质上是提出了一个思维的一致性的挑战。此时，学员会意识到自己思考和决策存在的互相矛盾之处而改变选择。

所以，正常的结论是，基于理性和科学的分析手段，学员应该选择“独占”。但是，如果双方都采用同样的思考方式，那就都会选择“独占”，而独占的结果是双输，两个人什么都得不到，空手而回，这就是著名的囚徒困境了！典型的聪明反被聪明误。

明明有着双赢的可能，如果双方都选“平分”，可为什么遵循科学理性的原则，偏偏会被困在双输的局面中呢？那么，什么情况下，双方才能赢得奖金呢？

接下来，我们来分析一下。

游戏的静态博弈部分告诉我们，如果没有沟通，理性的人就都会选择独占，也就是不会选择合作。但《财富金球》是一个动态博弈加静态博弈的游戏。当主持人宣布给参赛双方半分钟的商量时间时，实际上他将一个静态博弈变成了一个动态博弈——有了沟通，即动态博弈。因为存在帕累托上策均衡，人们都会达成合作的约定。这个节目在这个环节，几乎没有达不成约定的先例，说明动态博弈是突破囚徒困境达到帕累托上策均衡的手段。

但是，游戏的“漏洞”在于这个约定并不具备约束力，所以当博弈方最后做出选择的时刻，其实游戏还是回到了一个静态博弈。而静态博弈，理性的一方只会选独占。这恰如学者在分析囚徒困境时得出的结论一样，如果让两个囚徒沟通，囚徒困境的结果会不会改变？答案是不会的。

Nick 选择的不是他信誓旦旦的“独占”，而是“平分”，这很漂亮，但本质上却是违反了承诺和约定的。很多专家分析 Nick 的玩法，认为是最聪明的玩法。理由是 Abraham 已经相信了 Nick，Nick 也已经确信 Abraham 一定会选“平分”。或者是认为，Nick 从一开始就想平分奖金，做这一系列招数不过是为了确保自己能够得到一半的钱。有人不禁称赞 Nick 利用人性弱点成功压制了对方的贪念和背叛的可能，漂亮地为自己赢得了奖金。

但是，这个评论我是不赞同的。我认为，Nick 的玩法其实还是冒有很大风险的：第一，Nick 并不能保证 Abraham 一定会按照约定选择平分；第二，Nick 自己出尔反尔，即宣布自己会选“独占”却选了“平分”，其实也损失了自己个人未来的信誉。

我对 Nick 行为的分析是，他看出了这其实是一个三方博弈游戏——电视台也是博弈的一方。因为任何一个人选平分，奖金就必须给出去，电视台的得益就是 0；两个都选独占，奖金就留在电视节目，电视台的得益就是 13600。

Nick 的思考是，他们两人之间只要有一个人选平分，电视节目就一定会失去这笔奖金，这笔钱会落在他和 Abraham 之间。

选择的关键在于无法确保 Abraham 会选平分，所以，Nick 需要做一个最保险的选择，以保证奖金在两个人之间，才有平分的机会。如果 Abraham 确实选了平分，这个可能性好像很大，那么皆大欢喜。如果 Abraham 违背约定选择独占，相比之下也不会比两个人都选独占来得更坏。况且，既然我已经承诺过会分一半给对方，对方如果拿了全部的奖金，也不至于一点也不分给我吧？剩下的只是他们两人之间如何分配的问题。既然 Nick 没有办法确保 Abraham 一定选平分，所以他只能相信自己，这个事情必须自己来做。所以，我认为 Nick 选平分是出于这个考虑，是为了避免最坏的局面。

因为约定没有约束力，所以两个人都有背叛的机会和诱因。换句话说，就是对方选择“独占”的可能还是存在的。

在实际商业生活中，商务谈判是一个动态博弈的过程，达成了协议就是找到了一个均衡点，当达成协议之后，双方确实又回到了静态博弈，代表着合同的执行问题。但因为《财富金球》游戏的性质是静态博弈，任何约定和沟通似乎都不能改变约定没有约束力的事实。如果能够找到具有约束力的约定，那么就一定会比 Nick 的玩法更好，更具有商业的借鉴意义。

对理性和科学的再思考

虽然基于理性和科学的分析手段，学员应该选择“独占”，但有的学员开始就意识到，如果选择独占是一个更佳答案的话，那么对方也会如此思考。问题是，当双方都选择“独占”时，结果却是双输！没错，既然你会通过“科学”和“理性”来分析，那其他人同样可以。那么就会陷入一个困局，大家都理性、科学，但互动的结果却是双输！这就是著名的博弈论——“囚徒困境”的内涵。

此时，最令学员惊诧的不是钱多少的问题，而是为什么理性和科学的思考方式在互动的环境中会带来双输而非双赢局面。“理性”和“科学”都是从小印刻在我们思想深处非常正面的概念啊！这样的结论和一般的思考有着极大的冲突反差，至少在道义和习惯上似乎不容易被接受，但我们又不得不接受这个科学和理性决策，因为决策的分析和推导过程完全没有问题。

所以，我们要重新审视“理性”和“科学”这两个概念，理性就是说如果有两个选择，那么选择回报高的选项即理性。但我们看到在互动的世界中理性的选择可能会带来双输。由此，这其实告诉我们的是不要迷信理性和科学。

我们把话题继续拉回到我为什么不认同大多数人对于 Nick 的策略的分析和赞美上。我问学生，为什么 Nick 当着所有电视机前和现场观众的面信誓旦旦地说要选“独占”，而最后选的却是“平分”？

大家想到的理由很多，有人说因为Nick相信Abraham肯定会选“平分”，所以他也可以选“平分”以达到相同目的。但我要特别说一下其中一个原因，这就开始了一个关于“信任”的话题，是因为信任了Abraham，让Nick可以选“平分”吗？其实不是。有时候我会给大家放映另外一场财富金球的游戏视频。这一次，游戏是在一对男女之间展开的，男的叫斯蒂夫（Steven），女的叫萨拉（Sarah）。这一次奖金是100150英镑，已经比之前的游戏奖金多很多。双方通过“谈判”握手达成了协议表示会选“平分”。但真正选择金球时萨拉背叛了。她选了“独占”而斯蒂夫选了“平分”，导致斯蒂夫最终两手空空。

针对这一结果我会告诉学员信任在商业中意味着什么，什么时候才可以信任。如果是一次性游戏，如同旅游景点的购物，我们不能轻易给予别人信任。或你与对方不会存在未来的互动合作的话，也不能轻易地给出信任。

我想说的是，其实Nick选平分不仅不是因为信任，而且恰恰相反，是出于对Abraham的不信任。因为谁都无法保证Abraham一定会选“平分”，而Nick看出了游戏的玄机——除非两个博弈者选择双输的情况，只要两个人中有一个选“平分”，这笔奖金就会离开电视节目，无非是这笔钱具体在谁手中。所以，要想有赢到钱的希望就必须起码有一个人选“平分”。这个人是谁呢？这个人只能是自己，也就是人只能相信自己！

谈判是一个充满了互动和创意的过程。《财富金球》中Nick的策略是富有创意的，他把信任的主动权和对过程的控制把握在自己手中；而大多数人是通过选择“平分”的协议并尊重协议，这也是契约精神的体现。

倒退回去，即使是达到了双赢，但这种合作和双赢也可能是损害第三者利益的。就算是在这个游戏中两个游戏者赢得了钱，但电视节目主办方是损失了这笔钱的。我们再回到最经典的“囚徒困局”，两个嫌犯的“合作”可以让他们逃脱法律的制裁，那受到伤害的就是社会。

有人分析，中国移动公司漫游费的设置就是各地电信公司为了地方的垄断而达成的“合作默契”。另外，那种大卖场的广告，声称如果顾客在本市买到低于自己价格的同款产品即给予三倍赔偿，大多数人觉得这是大卖场做出的最低价格的承诺，但学了博弈论后，你就会明白，这背后其实是卖场之间的博弈，卖场的信息其实是在警告竞争对手不要打价格战。

谈判是相继博弈

我们再回到《财富金球》的游戏中来，基于谈判而言，当主持人说："我现在给你们半分钟时间，你们可以互相谈谈"。其实，主持人让游戏方互相沟通，从技术上讲是改变了游戏的性质，主持人把一个同时博弈的游戏变成了相继博弈的游戏。如果没有这个环节，那么这个游戏就是一个典型的同时博弈。同时博弈就是同时出招，我们生活中玩的"石头剪刀布"就是典型的同时博弈。同时博弈是没有沟通或谈判的，即没有任何信息的交换。这样的游戏其核心词是"猜"，是一个互相猜测的游戏。

从技术上说，同时博弈一定会导致一个困局，困局就是同时博弈的结果，或者是一个单方面或输或赢的局面。而相继博弈是有信息交换的，一定有解甚至多解。谈判即是寻找这个具体的解的过程。问题在于你是否可以得到最优解。谈判或沟通就是相继博弈，谈判的意义就是为了将结局从困局转移到双赢局面。比如 Nick 和 Abraham 的游戏，有谈判就可以各自得到 6800 英镑，没有谈判的博弈就会双输。

同时博弈不利于合作。为什么这么说呢？我做管理顾问时，每次与客户的员工进行访谈交流，只要听到"猜"字，比如猜老板想干什么，我们猜公司的大概走向，或者不知道某件事该不该做以及做多还是做少。一旦需要"猜"时，我们基本上可以确定这家企业文化有问题，或者其团队士气一定不会很高。正是因为猜，所以我们会陷入囚徒困境。

所以，企业的领袖如果不想让自己的企业陷入文化影响团队士气的局面，就要避免或纠正信息沟通不畅造成的“囚徒困境”。

谈判为什么需要博弈论的思维？博弈论的思考方式也是我们需要建立的，或者实际在用的思考方式。

另外，博弈论对政府政策的制定也有影响。我们知道拐卖妇女儿童是一项罪大恶极的重罪，作为政府一定要制止。但怎样打击威慑才是最有效的呢？我让学员上课讨论这个问题，我们都知道政府要制定法律打击这种犯罪，但制定法律的目的不在于发生以后的打击力度而是避免此类犯罪的发生。打击对象有人贩子和买人的家庭，我们暂且称其为“买家”吧。但政府的资源永远是有限的，怎么设计制度其实说的是如何利用有限的资源来取得最大成效。于是学员开始意识到，也要有针对买家的措施。理由基本上都是“没有买卖就没有伤害”，但这只是普通人都会想到分析。

我会引导学生分析威慑的成本。人贩子本身都是亡命之徒，这些人其实都知道一旦被抓获就会遭到严惩，但都抱着侥幸心理，这本来就是搏概率的游戏。10 次交易只要成功 9 次，那这些人就会冒那 9 次的险，之所以敢赌，很大一个原因就是因为他们流动作案，而且被拐卖绑架的受害者不会在其手中长期持有。这样，人贩子被捕的概率就小了，同时抓获成本也变高了。

我们再来看一下买家。这里要说一下，很多人在开始讨论这个话题时甚至都对买家抱着同情的态度，这让我感到诧异，但这是另外的话题。买家基本上是非流动人口，而且一旦买入就存在长期持有的问题。在一个基本固定的社会群体中，消息不走漏或者不被人揭发的几率是不大的。因为亲戚朋友、邻居同事甚至婆媳之间都存在很大变数。如果针对买家有一条长期追溯的严厉制裁（我这里用的不是惩罚），会大大降低买家铤而走险的可能。这就是一个人贩子和买家会根据制度调整自身行为的思考方式，这也是一种博弈论的思考，博弈的双方代表的就是政府与坏人。

由“鸡汤”和“厚黑”谈博弈

如今社会上充斥着两种论调：鸡汤和厚黑。

这些年心灵鸡汤伴随着无良的自媒体特别是微信群开始泛滥，比如“冥想是开启幸福之门的钥匙”“心底无私天地宽”等其实都是利用了人们的“确认偏误”。多贝利在《思考的艺术》中说过“如果谁在生活中持有‘人是善良的’想法，他会找到这一理论的足够证明；谁在生活中持有‘人是邪恶的’想法，他同样也能找到足够的证明。慈善家和愤世嫉俗者，双方都将过滤掉反驳（相反的证据），得到支撑他们世界观的大量证明。这是忽视或者故意忽视人类关系的互动性的做法。”

同时，这个社会也充满了厚黑哲学，很多学者以教人厚黑为骄傲，并以为这样很落地和实用。

一位据说很受欢迎的商学院教授，在讲如果你是一个餐饮的老板而麦当劳就在你旁边时，说你可以派200个民工去麦当劳，每人买一杯饮料，坐在里面，这样一定可以把麦当劳拖垮，他这个说法的隐含假定就是，拖垮了你隔壁的麦当劳，人流就会到你这里了。这种厚黑的教学居然得到一些企业家的认可，但事实上这是违反商业逻辑的。第一，这位教授不懂经商之道。如果我是一家小餐饮店，而麦当劳在我旁边，麦当劳的生意好的话我求之不得，因为我的店铺在其旁边，自然也会享受到人流的好处，其实这是聚合效应决定的——对我的邻居好，一定对我也好。第二，这位教授三观不正。第三，这位教授不理解经济生活中，人类决策相互交织的特点。

如果人们的行为接受心灵鸡汤的指引，就会都选择“平分”，但我们更应该了解的是大多数人会选“独占”。如果人们的行为接受那些厚黑观点的指引，那么都选“独占”。这样的说教其实都是不负责任的。所以，博弈论的社会意义就在这里。负责任的老师应该告诉学生，社会的道德水平以及人的行为方式是互相影响并在互动中形成的。

这虽然是我无法改变的社会现象，但是，我需要指出这种宣教的危害之处。鸡汤会鼓励你选择“平分”，而厚黑学更倡导选择“独占”。但问题在于这两个角度都没有交代给决策者，你选择“平分”，对方会选择“独占”，所以吃亏的一定是你。而对于选择“独占”的人也是一样，你这样选择，对方也如此，于是陷入僵局。既然我们生活在一个互动的互相依赖的社会中，你必须知道，这个社会不是你想好它就会好，也不是你想使坏就一定会得逞的。所谓“从我做起”只是一种一厢情愿的说教，而且这种说教并不负责任。

深入学习了博弈论，我们对于一些大家挂在嘴上不加思考的概念就有了另外一个思考角度。

|第十二章|

如何做出好的决策

有人做了调查，对于经理人什么是最重要的，花时间最多的、最具有挑战性的是什么，结果 90% 的答案都指向了决策。

决策理论走过了一个从最优决策到均衡再到面对不确定性的过程。这个过程，也是人对于世界认识不断深入的过程。20 世纪中叶，决策进入了商业理论领域，代替了之前的“资源配置”和“政策制定”等比较窄的描述。有人说，政策制定可以不停地进行，资源配置也是一直要做的工作，只有决策意味着分析的结束和行动的开始。

均衡和博弈决策

边际优化理论的一个缺点，是没有考虑世界的互动性。决策者，严格的说是计算者，假定了他完全可以左右决策的效果，这是一个极强的假定。传统决策理论和那些战略咨询公司的方案其实都具有这个缺陷。

杨小凯认为，均衡思想比之前的优化思想要深刻得多。均衡思想强调的是互动的关系，最后的决策效果取决于所有人决策的互动结果。这不是一个每一个人的优化决策再加总的过程，而是一个互动的过程。经济学的一般均衡思想之所以伟大，原因就在于此。

博弈论是最系统的分析互动关系的思想，所以具有伟大的前景。你做决策，要想到别人也在做决策，别人也知道你在做决策。博弈论继续延续了理性的假定，这既是博弈论的局限，也预示着博弈论可以继续发展的机会。

在这里，博弈论用效用函数或得益矩阵来表示能够知道或预测互动的结果，然后采用倒推分析的方法来帮助决策，其实是假定了我们知道确切的决策后果。

但是，世界是不确定的，你却以为是确定的，或者假定它是确定的，并采用确定性方式的处理，如此你的确定性假定就会导致你犯下决策的错误。因为你对于世界的判断，并不代表客观的存在。既然面对世界的不确定性是必然的，那么我预测面对不确定性的决策才是真正的决策。

之所以要做这一节的研究，就是希望结合无形化和不确定性对于决策的影响，为超边际决策找到能让管理人员操作的实用办法。

我们先看一个传统决策思想指导下的典型决策的例子。

完全理性的决策是计算不是决策

高盛前 CEO 鲁宾的传记中曾有这样一段记录：

> 在两家公司宣布合并后，乌尼维斯的股票交易价为 30.5 美元（合并宣布前为 24.5 美元）。这意味着如果合并事宜谈妥的话，来自套利交易的股价上涨可能是 3 美元。因为公司每股将会值 33.5 美元（0.6075× 贝蒂公司每股股票的价格）。
>
> 如果合并没有成功，公司的股票有可能回落到每股大约 24.5 美元，我们购进的股票有可能下跌 6 美元左右。我合并成功的可能性定位大约 85%，失败的可能性为 15%，在预期价值的基础上，股价上涨的幅度是 3 美元乘以 85%，而下跌的风险是 6 乘以 15%。
>
> 假使下个星期市场有 70% 的概率上涨，30% 的概率下跌，但如果上涨只会涨 1%，下跌则可能跌 10 %，未来预期的结果是：70%×1% ＋ 30%×（－ 10%）＝－ 2.3%。因此应该赌跌，卖空股票盈利的机会更大。

这是一个既定变量既定结构既定维度的优化问题。经济学主流的边际分析其实也是一个优化的计算问题。更重要的是，鲁宾的例子里的决策给定了包含了太多的确定性条件，你当然可以通过计算逻辑推导出最优的决策。

经典决策问题——《波斯公主选驸马》

让我们来看一个做什么不做什么以及包含了不确定性的著名决策问题：《波斯公主选驸马》。

> 待嫁之年的波斯公主可以从100个优秀青年中挑选一个成为驸马。规则：青年将依次出现，如没有被选，将永远失去机会，公主不可以回头重选之前已被放弃的选择。怎样可以增加公主选到最佳青年的机会？

我用这个著名的决策题目在决策和谈判的课堂上让学生讨论。学员的讨论往往会以应该建立一个“标准”这个说法开始，并列出诸如身高、学历、年龄、颜值、财产等标准，接着会提出“权重”等更为复杂的概念建议和方法。很明显，这些标准基本都是可以衡量的，可以量化的。这时候我告诉他们，这100个优秀青年就是按照所有你能说出来的标准挑选出来的，所以任何能说出来的具体标准这100个青年都满足，比如身高、学历、收入、体重甚至颜值等。

这时，有的学员就开始考虑如气场、眼缘、化学反应以及第一感觉等无形化的因素了。这都是无法量化的指标。但是，不可量化并不意味着不能排序，这些不可量化的无形化指标是可以帮助排序的，而可排序性是可以用来帮助做取舍的选择的，但它如何帮助我们进行决策呢？

这时，有的学员就开始思考，是否应该先看几个人选，而此时的问题就变成了应该看多少合适呢？看一个是不是太少，那么5个还是10个，也有人说看50个，这个时候肯定会有人说50个太多了。基本上，最后的感觉大多是在向三分之一靠拢。

这是一个著名的决策题，但你用另外的方式来看，它居然又是一个数学题：

给定 k（k 为应该先看的人数，找出 k 范围内最优男青年，此后只要出现比 k 内最优的青年还优秀的人选，即为应该选择的最优青年），假定最优的青年的位置在第 i 位，如果最优青年 i 能被选中的话，在 i 之前的最好的那位应该在 k 中出现的机会是 k/（i–1）。对于所有可能的 i，在看完 k 后选中的最优青年的所有机会的总和 P（k）是：

$$P(k)=\sum_{i=k+1}^{n}\frac{1}{n}\cdot\frac{k}{i-1}=\frac{k}{n}\sum_{i=k+1}^{n}\frac{1}{i-1}$$

用 x 代替 k/n，让 n 取无穷大，用 t 代替 i/n，dt 代替 1/n，总和可以用一个积分形式来近似代表：

$$P(k)=X\int_{x}^{1}\frac{1}{t}dt=-X\cdot InX$$

对 x 取一阶导数，取值 0, 我们可以得到最优的 x = 1/e（1/2.718）

x=1/e！

1/2.71828 = 0.3679 = 37%，这就叫 37% 法则。

37% 法则是“经典决策问题”的解法，法则揭示的自然律 1/e 的解题思路对于超边际决策具有很大的指导意义。

有人说，37% 的决策正确率是不是太低了。事实上，这已经很高了，如果你这一生的决策正确率可以这么高，你一定是非常成功的人了。当然，可以变通一下，如果我们不是求最优，而只是求满意，这个假定其实是更为现实的。实际生活中，我们基本上就是在追求满意解。满意解在波斯公主选驸马的决策题中可以理解为，前 10 位的优秀青年都是可以接受的。利用以上图形可以看到，我们就是将28–29–30三个位置被选中的机会相加，有人算过，还是按照37%法则，选中前十位的机会就可以达到81%。这无论从哪方面看都是很高的了！

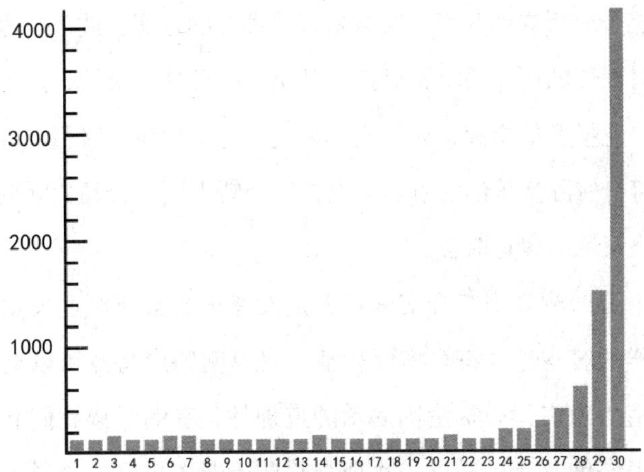

上图是按照37%法则进行了万次的电脑模拟后的结果，30是最高排位的青年男子（最优的优秀青年），1是排位最低的青年男子。按照37%法则在电脑上进行模拟万次里面，排位最高的青年大约有4000次被选中。

这个决策分析告诉我们的是，第一，我们不是按照那些具体的可量化的标准选择配偶的。如果你让每一个人结合自己的生活经验再想想，他们在做出诸如择业、恋爱、配偶等重大人生选择时，是不是完全基于具体的可量化的指标做出的。答案基本上都是否定的，这说明重要决策的决定性因素不是这些可以马上想到的可量化的指标，而指导我们做出重大决策恰恰是那些无形化的指标，人生如此，商业也是如此。

很多人力资源经理私下会承认，在面试的前三分钟他们往往就已经做出了录用面试者与否的决定。如果决定录用，那么后面的时间里她就会一直寻找要你的理由；如果决定不录用，她后面就会一直寻找拒绝你的理由。

这个讨论对于管理的意义就在于所有可以量化的指标并不是决策的真正

原因，或者是做出最后临门一脚的决策的动因，比如绩效考核以及供应商的筛选标准等。就像你不是只看供应商的打分标准来做出最后供应商的选择的。这对于无论企业内部的谈判，还是和供应商和客户的谈判，其实都是很有意义的。

第二，这个分析告诉我们，决策是有限理性的过程：此法则避免了传统主流决策模型对理性的严格要求，而接受基于有限理性的决策，这中间可以包含很多无形化非度量型的指标，如气质、风度、化学反应、吸引力、感染力，等等，这样更符合实际决策的特点。当然，这个特点更适合超边际决策的发挥，因为超边际决策说的就是取舍。

第三，不可回溯规则符合实际：人是没有机会重新对过去发生的事情做决策的，这样的客观条件符合实际生活，且时间跨度特点可以更好地体现经验积累的价值。确实，37% 法则揭示的道理是，有的时候我们需要的恰恰就是过去的失败来做参考，诺贝尔物理学奖获得者中村修二也说，正是因为有过去的经验，甚至是失败的经验，让他的老板觉得他是这项研发工作的不二人选的原因。

巴菲特说过："对于刚刚起步学习投资的投资者来说，模仿那些已经被市场证明为行之有效的投资方法是事半功倍的做法。但令人吃惊的是，这样做的人实在是少之又少"。

决策指标矩阵心智模型

回顾波斯公主选驸马的决策过程，我们可以看到决策矩阵在起作用。这个矩阵可以帮助我们分析我们的决策风格以及决策的优先级。

一开始，我们看到各种有形化的指标，到了第二个阶段我们就会看到无形化的指标开始起作用。

这就形成了下面的这个决策矩阵。矩阵有两个维度，一个维度是有形化的指标维度，也是我们一般说的硬指标维度。第二个维度，是无形化指标的维度，也就是我们常说的软指标的维度。哪些指标应该被考虑进来，首先是一个结构性的超边际选择。在公主选驸马的问题中，硬指标可以有身高、学历、财富、健康、颜值，软指标即无形化指标可以有化学反应、感觉、幽默感、缘分等。

无形化指标		
	合格，不合格	合格，合格
	不合格，不合格	不合格，合格
	有形化指标	

决策矩阵（心智模型）

林语堂说过这样的话："聪明以为可以做的事，但良知以为不可以做，就不要做；聪明以为不可以做的事，但良知以为可以做，就去做。良知为主，聪明为奴，其人必善良；良知为奴，聪明为主，其人必奸诈。"确实面对不确定性世界的决策是很考验良知的。在这里，聪明其实说的就是那些可量化指标，良知就是指那些无形化指标。

超边际决策思想是最适合用于那些无形化指标或因素起主要作用的决策方面。无形化指标也就是说，这些指标无法测量，只能排序，排序也就意味着取舍。而无形化指标才是我们做出重大决策时的决定性的指标。

从决策矩阵图表的情况看，如果处在右上角仍旧抱着十分犹豫的态度，那么这是一类不敢决策的人，或者某类人因为正处于一种可以不负责任的环境中而做出的回避责任的做法。如果处在左下角还在纠结的话，那么这就是一类不太有是非和逻辑的人。右下角是关于一个人在行为上是利益导向还是价值观导向的评判，价值观立场明确的人在右下角也不会犹豫，而厚黑的人或者没有价值观的人可能会做出毫不犹豫的决策。左上角则是价值导向的决策。

有形化指标满足的话，就看无形化指标。这就出现了几种情况：

1. 有形化满足，无形化也满足
2. 有形化满足，无形化不满足
3. 有形化不满足，无形化满足
4. 有形化不满足，无形化也不满足

第一种情形，可量化指标满足要求，无形化也满足要求，供应商的产品质量、价格、服务等硬指标都令人满意，供应商的口碑、商誉也都不错。男生各方面都满足要求，身高 180 厘米，五官端正，身体健康，人品谈吐有魅力。这样的决策就应该不难。

但还是有很多人在硬指标软指标都满足的时候，还是不决策，这种优柔寡断，很多时候是一种不负责任的行为。

第二种情形，有形化满足无形化不满足。供应商的质量是不错的，但其口碑不是很好，价值观比较低下，品位低下。男生各方面条件都不错，但三观不正，非常功利。这个时候的选择就是对价值观的考验。很多人谈合作，条件都不错，但是忽略了对对方人格道德价值观的考察。一旦有了分歧，往往不可收拾，对簿公堂。

第三种情形，有形化的指标不满足，无形化的满足。比如，在发展供应商时经常会出现供应商的能力目前还不能提供符合标准的服务和产品，但供应商的口碑态度价值观文化还是符合企业的要求的，目前市场上也没有更好的选择，这个时候还是可以选择合作的。在公主选驸马的过程里，如果公主发现一位男青年非常有才华有幽默感，但唯一的遗憾是身高不够，公主这个时候该如何选择呢？

第四种情形，有形化不满足，无形化也不满足。按说，这个时候是不应该有任何纠结了。但实际上，很多人还是会纠结。我们一般会说，这样的人是比较糊涂的，也耽误别人的时间和精力。

而那些信息和计算当然也必不可少，但如果依靠计算结果告诉你该做什么决定，只能说明两个问题：第一，你作为决策者的重要性很低；第二，这些事情很可能是不重要的。所以，那些人类开发出来的所谓决策支持系统的作用永远是非常有限的，这将是人类永远都会面临的挑战。

真正的决策是面对不确定性

有形化指标和无形化指标

有形可量化指标不会受心理影响和干扰，而无形化指标是有限理性的影响范围。

有形化指标一般会有比较客观的衡量标准，较少争议，也一直引起管理人员的重视，比如杰克·韦尔奇说的“无衡量无管理”的理念。但无形化指标才是决策的真正的“最后一英里”或“临门一脚”。不仅无形化指标是更重要的因素，而且无形化指标直接受到人的有限理性的影响，更是面对不确定性时的主要决策支点。

未知 N 限制了 37% 法则的实用性

37% 法则虽然解释力强大，但其前提是选项总数 N 必须已知，但这个前提限制了法则用于实际决策的价值。如果 N 是未知的，则 37% 法则就无法运用了。就像我怎么知道我目前是在 37% 的左边（看的还不够）还是在右边呢（看得太多挑花眼了）。

研究者对 N 尝试做出过很多假设，有假定正态分布的，也有按照时间分布的，但都没有给出令人满意的结果。同时也有研究认为，决策者都过早地就做出了决定，并没有真正看到 37% 就已经做出了选择。这就大大限制了 37%

法则使用性。虽然 37% 法则看上去对于过去发生的事情具有很大的解释力。

N 的未知可能恰恰代表了世界的不确定性

那么，寻找 N 是什么或者 N 的精确值可能是无意义的。但如何运用 37% 法则帮助我们决策呢？毕竟我们不希望让这个法则停留在对于过去已经发生的事情（N 已知）的解释上。

基于以上问题，我提出了“竞争环境中可以用 3 来代替 N”的假说，这个假说可能最具实用价值，因为它使决策变得可行，且过程也更经济。我在澳大利亚管理学院攻读管理博士时，管理学院受澳大利亚政府委托做过一个研究，目的在于看看澳大利亚这样的一个小的市场里分别需要几家航空公司和电信公司才不至于垄断。一家好像太少，但有时候两家都可能多了，所以澳大利亚政府为此请我院研究这个课题。我们发现了一个有趣的现象（如图所示）。三家竞争者的竞争程度非常接近完美激烈的竞争市场，我的灵感也来自这里。所以，我觉得我可以将这个答案和决策相结合，即也许在一个竞争的市场环境中，3 或者最多 4 是可以代替 N 的。

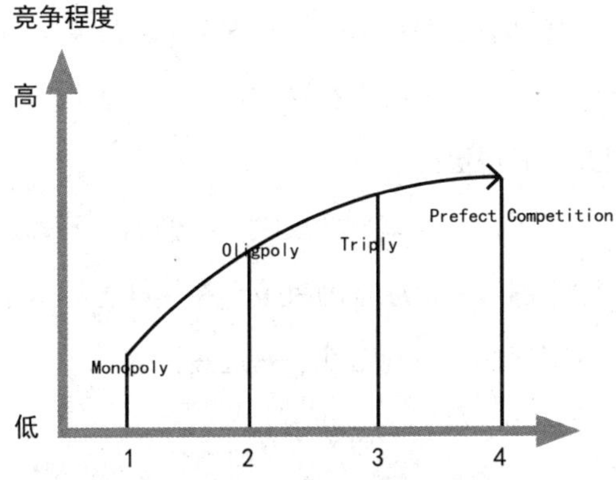

市场竞争程度分析

当然，前提是要有一个说明，即 3 可以替代未知 N 的前提是这发生在一个竞争的市场中。比如有一个很不错的女孩，很多男孩子都争着想娶到她，或者有一个很具吸引力的客户，很多供应商都希望能够做这家企业的生意。这种情况下可以只看 3 到 4 家企业或者谈个两次恋爱，之后基本上就可以做出最终选择了。

这个假说也解释了为什么很多决策实验者“过早地”做出了选择。因为如果你是在一个竞争的市场中，确实不需要看那么多样本再做决定。

这些思考和我们以往的传统也颇为一致，比如老百姓早就有“货比三家”等说法，另外现在企业的采购也普遍采用三个报价（Three Quotes）的原则。

有过风投经验的都知道，或者写过商业计划书的都应该知道，虽然商业计划书中必须有很多具体的数字，如市场分析、增长率、利润率、客户、客单价、转换率等。但真正核心的部分，也就是风投关注的真正核心部分是，你这个商业模式是不是已经有其他人在做了，你和他们的区别在哪里？那些数字肯定不是决策的关键，因为说到底都是对未来的一种预测，谁会当真？但如果已经有人开始了这个模式或这个创意，就相当于你看了一部分申请者了，你大概知道你要什么，以及这件事想要成功需要什么、关键成功因素是什么了。这里面其实应和了 37% 的法则。那些大的战略咨询公司在提供战略咨询服务的时候也有 37% 的影子。一般咨询顾问提出一个战略建议的时候，当然一定会有很多数据，但一定会告诉客户，竞争对手在这方面已经在做什么了，我们的建议的做法会有哪些不同或者做得更好。

所以，波斯公主选驸马的决策分析反映了我们面对不确定性的未来，有限理性的决策者如何做出超边际即取舍的决策。在结构上，这个决策具备了所有重大决策的特点：有限理性、不确定性、超边际性等。

|第十三章|

杨小凯超边际决策分析

有分工才要合作，能合作才会有分工，分工有了，博弈自然就产生了。

在经济学领域边际决策理论一直主导着经济学关于决策的思想。但是边际分析思想是基于既定的结构的资源优化决策。边际理论没有解决结构是怎么来的问题。而决定采用哪一种结构应该是一个先于资源优化的决策。

杨小凯的超边际决策分析思想就是在这个领域的重大进步。企业的战略管理中采用什么重要的战略是隐含了结构性变化的，创新更是意味着机构的不同。所以解决做什么应该先于做多少的决策。“男怕入错行，女怕嫁错郎”说的就是超边际决策的重要性。企业战略也是一样，如果战略错了，肯定就会带来严重后果。

从超边际分析看分工

1992年我和杨小凯一家在澳洲的塔斯马尼亚岛度假旅游。我们到了一个人口当时只有6万人的小城市——兰萨斯顿。城市规模虽然小，但它却拥有大学和大规模的百货公司。我当时就和小凯讨论起了一个这么少人口的城市是如何支撑这些商业规模的。杨小凯的观点是：我们看经济不应该看人口而应该看分工的程度。他认为一个小城市如此发达，说明这个城市的经济分工程度非常发达。

这个观点在杨小凯的超边际决策分析法中有很系统的体现。杨小凯的超边际决策分析思想继承了亚当·斯密的强调专业化分工的古典经济学传统，并引入了交易费用理论，让交易费用成为专业化分工的限制条件。

其实很多新古典经济学无法解释的问题，用超边际分析就比较容易找到答案。比如，现在人人有手机，手机上配置的相机也越来越高级，功能也越来越多。从前拍照是一种奢侈，现在摄影已是生活中基本的现象。按照一般的解释，相机如此普及和方便，而且免费，摄影这个行业就会面临挑战。但是没有，我们看到的是越来越多的专业的摄影、婚礼庆典、幼儿摄影、动物摄影等，它们越来越专业，分工越来越细。

打印也是一样。当有了电脑和文字处理系统，甚至有了电子邮箱通过互联网来传递文件，人们会预言打印的业务会消失。结果打印业务不仅没有消失，反而越来越专业，人们对专业的打印要求也越来越高。

一个国家的汽车制造业发达，你的第一个感觉可能是这个国家的汽车进口会减少。结果呢，没有。看看那些发达的汽车制造国家，如日本、美国、德国、中国，国家之间汽车的进出口没有减弱反而越来越发达。

如上所列，我们不难看出，正是分工促进了经济的发展。想要理清这两者之间的关系，我们还要从亚当·斯密的《国富论》讲起，《国富论》的思想核心是主张经济的发展是由分工带来的，也就是说经济的发展应该表现在分工的发达上。

但是亚当·斯密的古典经济学没有运用数学工具。也就是说，核心的思想没有用数学语言来表达。杨小凯认为缺乏数学工具也就限制了思想的传播，直到后来微积分等数学工具被引入了经济学，推生了生产理论和价格理论边际分析的发展，这样就可以通过效用最大化求出最优资源配置。可见数学给经济学的分析方法带来了革命性影响，边际分析与价格理论这些可以用数学很漂亮严谨表达的分支遂成了经济学的主流思想，而最重要的分工思想只是偶尔被文字表述提及。这也是这 200 年来的主流经济学的发展脉络。

如果我们有衡量经济生活中分工程度的办法，那么经济发展就可能更合理更有质量。这也应该更符合亚当·斯密的思想，而现在大行其道的 GDP，从某种程度而言，并不能体现一个经济的发展的质量。

亚当·斯密并没有说明分工的条件，后来科斯和张五常弥补了亚当·斯密思想的这一处不足。也就是说，如果你说分工好，但为什么人类没有做到无限的分工呢。这是因为存在交易费用。如果很难达成协议和遵守协议存在不确定性的话，人们就会选择不分工。换句话说，如果一个人想提供给大家的服务很难收到钱或很难定价，他就会选择不分工不专业化。如果我是一个歌唱爱好者并想以此为生，听我唱歌就要付费，可如果我在大街上唱歌，听的人就可以不付钱，那我就与行乞无异了，所以要有歌剧院这样一个专业的场所。歌剧院入场需要买票，作为歌唱者我就有了收入，但如果只有建造歌剧院我才能存活下来，这费用未免过高，我势必就会放弃以唱歌为生的想法。

超边际分析强调分工，但分工之后交易费用会增加，形成一个两难的境地，所以我们说分工的水平受制于交易费用。杨小凯的思想就是这样开始的，因为他开始思考这个两难问题。如果分工以及相关行业与交易费用形成正循环，那么这个分工就会成功。中国的电子商务非常发达，当然主要是价格便宜和配送方便。本质上是中国的城市居住人口密度与电子商务非常相配，因为人口密度大，一代国人对价格向来敏感，而物流配送的成本又低效率又很高。这就使得电子商务利用低价和在中国及配送的低成本之间，形成了正反馈，所以这个行业就成功了。这样的业态，放在美国和澳大利亚就行不通，因为一户邻居之间就隔着几百米，甚至十几公里。欧洲倒是人口密度高，但劳动成本太高，所以也不会支持这种低成本的配送大军。

超边际思维适合知识经济

我们先来了解一下“超边际决策”这个概念。如果把我们的世界想象成一个动态多维的空间，包括物理和虚拟的、物质和精神的，那么这个空间就是由无穷多个点组成的，这些点都是动态的，一直在产生、裂变，而任何两点之间都可以有连线或断开。那么，两个点之间是不是要连起来，或者本来连着的点现在是不是断开，这个连接或断开的决定就是一个超边际的决策。每一个断开和连接的决定会形成一个新的网络世界，如果是既定结构的网络世界的优化，那么这就是一个边际决策。

简单说，超边际决策说的是 yes or no，边际决策是 how much 的问题。所以，超边际分析的是结构性问题，也就是我们常说的制度问题，充满了做还是不做、做这个还是做那个的结构性决策。

比如，一家公司推出了一种新的节能电机，其他指标不说，单说节能这一效果就要比之前的产品提升了 17%，这背后依靠的是使用新型材料所带来的提升。选择这个新材料与否就是一个超边际的决策。如果只是比较节能效果是 17% 还是 15% 是无法体现背后的技术变化的。

任何创新都是一个新的网络结构，而一个既定的网络的优化只是边际的，不能算创新。所以，所以我们说只有超边际性质的才是创新，才代表新颖新意。

就拿互联网来说，它影响的主要是交易费用和不确定性。杨小凯认为互联网带来的是更多的不对称性和不确定性，而它本身并没有带来结构性的变化。因为世界从来都是网络的，互联网并没有带来本质的改变。有些人说有了互联网就可以搞计划经济了，这是对知识经济的无知，以及对不确定性的误解。

知识经济的核心是无形化知识的组织问题。首先，无形化的指标无法量化，需要间接体现，这就增加了交易费用。我的研究发现，虽然存在无法量化的指标，但每一个人却可以对它进行排序。人的颜值、情绪以及对国家的感情都是无法量化却可以排序的指标。可以排序就可以选择，比如一个人的气质好不好，当然见仁见智，这就是所谓偏好，但说一个人的气质比另一个人更好确实是比较容易的事情。这是超边际分析的一个特点。

分工越发达信息就越不对称，分工促进了信息的不对称与知识的积累和丰富，分工需要交易，而知识的无形化带来了交易费用增加。因为无形化的东西比较难以定价，如何组织无形化的知识，利用这些知识，让它们成为生产力，就是一个经济组织的问题了。但是，无形化的知识是可以被包含在有形世界中的，那么无形化知识的组织就成了组织有形化知识的问题了。商业模式就是最典型的例子。创业者靠的最有价值的知识一定是无形的，他的价值就需要借助有形的商业模式才能实现。在这里做一个比喻，假定无形的知识是一种稀有的有价值的液体，你就需要一个盛器，才能保护它的价值，否则就会挥发了。分析商业模式，如同分析制度，这是超边际分析的结构性思维最能发挥的地方。

决策——从优化到均衡再到不确定性

取舍——超边际决策的核心

商业生活和人生的重大决策都具有超边际性，比如：交易选择什么样的合同安排；企业选择什么样的策略；外国企业要不要进入中国市场；中国企业要不要走向海外等，这都是超边际问题。生活和工作中的决策，包括了战略和创新话题，说小了，比如我们去哪一个餐馆用餐。说大了，比如我为什么要选择学医或学化学，这些都是超边际决策。决策应该先解决结构性问题，所以我认为领导力的核心是决策，定方向，定结构，然后才是资源优化问题，用最小的成本取得最好效果的问题。

企业战略是超边际决策

战略一定是一个结构性的变化，而运营是关于网络的优化，实现既定网络的价值，所以运营就不该被叫做战略。比如，是否只为某一个客户群体服务或只在某一个区域提供服务，这就是战略问题。所以，具有超边际性质的才是战略。

有一天我观看 CBA 总决赛，是辽宁对新疆。解说员说，像布莱切——辽宁队的大外援，这样的运动员在场上是起到战略性作用的运动员。这话说的非常精彩。所谓战略性是说，因为他的在场，对方就必须有针对性地布置战术，就必须采用另一套打法，而不是将自己原有的一套打法做的更好。这样的队员起到改变战术的作用，如果他不在场上，对方才可以用另外的打法。所谓战略性的武器也是一样，因为有战略性武器，你的战略就不是追求火炮有多猛，射程有多远，精度有多准，等等，这些都是边际问题。

超边际分析本质是要找到更好的结构，如合同安排。如果只是比较一些结果而没有看到结构，很可能会忽视漏掉很多重要的信息。选择进入哪个市场、新产品的推出以及与哪个供应商合作等企业战略决策都属这类。这类决策初看上去具备很大的主动性，但想要保证其正确性其实难度很大。它本质上是决策者与自己本身进行的对错博弈，超边际决策体现了基于无形化要素决策的特点。

我用一个美国课堂使用的所谓决策培训案例说明一下边际决策：决策人员正在两个项目之间做取舍。第一个项目预计每年可以按照今天的货币估值有 100 万的收益，而第二个项目预计会有 75 万的收益。但第一个是四年的项目，而第二个是 6 年的项目。折现率两个项目都是 20%。决策者只能在其中选一个进行。请做出决策。

这样的思考方式，是典型的边际分析方式。严格意义上说，我认为这都不是决策。因为既然计算结果可以告诉你一个结果更好，还需要你决策吗？在有了很多年实践的经验以及思考之后，我逐渐发现其实边际决策不能算决策，因为答案是唯一的，区别只在于你有没有算对答案。但如果计算可以告诉你 A 决策比 B 决策要好的话，决策还有意义吗？

说到决策，其实决策风格也是一个有趣的话题，这和人的个性有很大关系，有的人干脆，有的人纠结。干脆的人就是擅于做超边际决策的人，而纠结的人，什么都不想放弃，最后只能是什么都得不到。

上面说到底这一点，我打高尔夫球时就深有体会，一个动作其实可以有无数个应该注意的细节。但在挥杆之前，你最多只能默念一个要领，理论上讲，你最好把所有应该考虑的全部考虑到，但实际上这样行不通。我自己也有一个观察，在果岭上的推杆，有时候球童和你的判断会不一致，如果你看着球童建议的推杆线路，但又加上了自己的感觉，最后的结果大多是不理想。多年的推杆经验告诉我，你要么听球童的，要么就是听自己的。如果你想综合两个人的想法，在逻辑上好像没有问题，但结果一定是不好的。

人的境界差距就是这么一点儿。我们如果在地上画一道半米宽、5 米长的通道，你走过去完全没有问题。可是如果这条通道两旁是悬崖，你还能走过去吗？你就会肝儿颤。为什么会肝儿颤？因为你会想到未来，向左一步会掉下去，向右一步也会掉下去。其实是你想多了，如果你没想两边，半米的宽度足够安全，完全不会掉下去。

这一点在企业管理上也是一样的，特别是绩效管理方面，往往指标有一大堆，但如果没有取舍，那么最后的结果只能是不尽如人意。

有一则禅宗故事，有个小和尚问老和尚：师父，你年轻的时候都干些什么呀？

师父说：我就是砍柴、挑水、做饭。

小和尚问：那你得道开悟之后，你都干些什么呀？

师父说：我还是挑水、砍柴、做饭。

小和尚问：那有什么区别呢？你活了一辈子也没什么进步啊？

老和尚说：不对，有进步。我年轻的时候是砍柴的时候想着挑水，挑水的时候想着做饭。现在呢，我砍柴的时候就砍柴，挑水的时候就挑水，做饭的时候就做饭。

这是个大家都耳熟能详的禅宗故事，说的是顺势而为和取舍，但它诠释的何尝不是超边际分析法中决策的核心内容。

超边际分析思想的未来

杨小凯在 2002 年和 2003 年两次获得诺贝尔经济学奖提名。不幸的是他于 2004 年 7 月 7 日因病辞世，最终与诺贝尔奖有缘无分。很多人在为他感到遗憾的同时，也非常关注他开创的超边际分析思想的未来发展。

我知道杨小凯对哈耶克思想非常推崇，对哈耶克思想中有限理性对于制度的影响尤其关注。他曾说过他有一个将哈耶克思想数学化的理想。

但遗憾的是，他没有涉及行为经济学，即心理学对于有限理性方面的文献。我这些年研究觉得，以卡尼曼为代表的行为经济学关注人类在经济决策时的心理系统性偏差的分析，揭示的是有限理性的本质，应该很有前景。

另外，杨小凯指出过网络世界随着分工的发展，不确定性越来越大。哈耶克将时间的无限性引入了思考的框架，这些年索罗斯和拉尔森等也呼吁重视不确定性。很多学者在使用了科学方法以后都升华到了对不确定性的思考。

我认为，对于世界的不确定性认识几乎是价值观的体现，如果你认为世界是确定的，你就会用优化算计的模式思考世界，如果你认为世界是不确定性的，那么你就会追求精神世界以及社会规则的公平。我的思考就是，当你无法通过计算优化自己决策的时候，也就是你无法通过计算取胜的时候，你想的就会是别被别人算计，这样，规则的公平是唯一手段，社会的道德诚信就是你的寄托，这是一种均衡。哈耶克之所以一直重视宗教的价值和意义，可能原因就在这里。

杨小凯一直很重视均衡这一概念，认为均衡思想比企业管理的最优决策思想要深刻。均衡决策说的是我们的世界是所有的利益方决策互动的结果。均衡可以被理解为一个达到多方最优状态的制度安排、合约安排、市场安排或结构安排，均衡也代表找到了正确的最优的决策点。

均衡这个概念的伟大之处就在于它包含了互动的道理，如同哈耶克自发秩序一样，社会的互动是一个非常动态的过程。如何达到均衡，对这个过程的理解需要借助哈耶克的自发秩序思想。只要是涉及到经济，就会有竞争，会有谈判，只要买卖双方都处在非排他性的市场，而拥有的是排他性的产权（张五常），市场就会做出最优的合同安排及制度安排。

那么，何为最优解呢？

杨小凯的方法是通过文氏定理[①]快速淘汰那些肯定不会是最优的角点解，在剩下的不多的几个角点均衡中找出最优的那个角点均衡，这也就是超边际分析的最优解了。

如果一款节能的电机产品是否采用新材料是一个超边际决策的话，那么这个点上的超边际决策应该可以达到一个角点均衡。如果同时还有一个选项是采用了某种新工艺，那么这两个超边际决策的产品和之前的一个角点均衡就是不

①文氏定理，在新兴古典经济学的基础模型中，通常假定社会由 2 个人组成，每个人必需消费食物和衣服 2 种产品，同时每个人在每种产品上有 3 个变量可选择：一是自给自足量，二是购买量，三是销售量。如此，2 种产品就有 6 个变量。每个变量的取值既可以是正也可以是零，基于此，全社会成员（2 个人）对所有产品（2 种产品）的最优决策，共计有 32*2=64 个可能的角点解和内点解（角点解是指当一个决策变量的最优值取其最大值或最小值（为 0）时的点解，而内点解则是指当决策变量最优值的取值均在其最大值和最小值（不为 0）之间时的点解）。在 64 个解中，有 1 个内点解和 63 个角点解。如果产品数量增加，那么其可能的角点解将变成一个天文数字。不过，杨小凯运用库恩 – 塔克定理排除了一些非优化的角点解和内点解，如此最优解范围就大大缩小了，而后文玫（Wen,1996）将这一方法推广到一般准凹效用函数和非常一般的生产条件，形成的方法被称为“文氏定理”（Wen Theory）。根据文氏定理，可能成为最优决策解的数目要比所有可能的角点解和内点解之和少得多。在上例中，实际上只有基于 3 种选择组合的 3 个角点解为最优解：第一种组合是食物和衣物都自给自足，没有专业分工，也没有交易和交易成本；第二种组合是专业生产食物，用出卖食物的钱购买衣物；第三种组合是专业生产衣物，用出卖衣物的钱购买食物。此外其他的组合都非最优解。

同的角点均衡。如果此时还有一个技术的选项也是一个角点选项，比如配套的服务，那这就可能存在三个角点均衡。那么哪一个角点均衡是最优的呢？杨小凯就是采用比较三个角点均衡的方法来找出最优的那个角点均衡，而这个被找出的最优的角点均衡就是超边际的最优解。这样在角点上做出比较的方案也让超边际分析回到了经济学分析的主流。

值得一提的是，虽然均衡思想在互动方面非常优越，但却隐含了对于世界的确定性假定。这样，科学思想在走向不确定性的方向上拐了一个弯。很多时候我也在想，也许超边际的思想的前途应该是在均衡思想的基础上引入对不确定性和基于心理学的有限理性的思考。

我们都知道，数学化的计算本质上赋予了世界以确定性，但经济学毕竟不是精密的科学，它本身就具有太多的不确定性。这一点，哈耶克思想中就有体现，他指出了人类知识在经济制度问题上的出错性之高，并称他对于经济学经常被误导为是与物理学、化学及医学一般的精密科学感到忧虑。他认为，强加精密科学的研究方式在经济学上将会导致不可收拾的灾难性结果。所以，这几年，我常常在想，“将哈耶克的思想数学化”这个愿望和哈耶克的思想是不是存在一定的冲突呢？

|第十四章|

互动矩阵：合作还是竞争

互动矩阵就是为了帮助我们在互动的环境中决策而开发的。之前，我们通过《财富金球》了解了互动的重要性，互相影响的决策就是博弈。均衡是互动关系最终希望到达的结果。现在我们来看看什么样的互动有利于走向合作，以及走向合作的互动具有哪些特点。

我之所以一直要强调均衡这个概念，有两个原因。一方面，均衡的定义是一个大家都会尊重并遵守的安排的状态，也就是说任何一方都没有意愿离开这个约定的安排的状态。在如今的商业合作中，大家习惯说双赢，但我只喜欢均衡这个概念，这个说法比双赢要严谨。如果在互动结果的各种可能中，合作是一个更好的策略组合，那么这个互动就呈现合作的互动。另一方面，均衡强调的是一个互动的结果，它是所有利益相关方决策互动过过的结果，这里的关键是互动的过程。

由“囚徒困境”看博弈

博弈是互动的关系，但目的不同则博弈性质会不同。我一直强调谈判是为达到合作的博弈手段和过程，因为合作的博弈有自己的逻辑和规律。如果不明白这个规律的话，即使有合作的想法，也不一定就达到合作的目的。

即使你主观上是希望合作的，而且也是真诚的，但是很多行为习惯还是会妨碍你达到合作的目的。即使双方都知道合作对双方都好，谈判也可能陷入僵局。囚徒困境揭示的就是即使合作对所有人是更好的，但人类还是容易陷入僵局的现象。这也是谈判尤其需要避免的。

互动矩阵

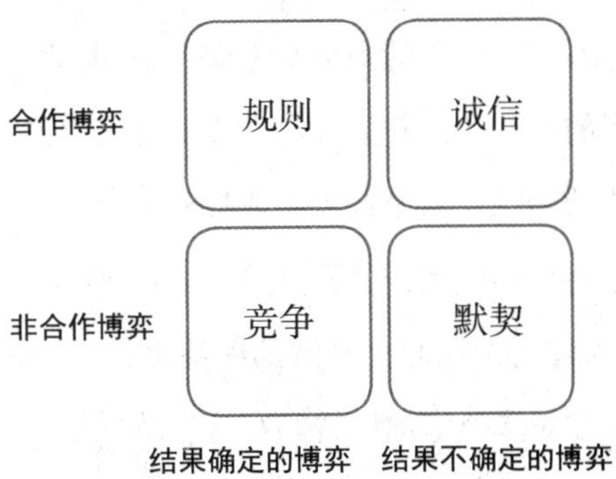

合作或者不合作都是只是策略选项

从博弈论角度，合作或非合作其实都是策略选项。如果合作可以给双方带来最好的利益，那么就会选择合作，如果不合作是更好的选项，那么就是选择不合作。合作是博弈方的一个互利的选择，是各方都得到比其他选择更优的一个均衡。也就是说，任何约定，只要达成对双方都有利益的结果就是合作博弈。

非合作也是互动。比如两个企业参加竞标，双方之间的互动会决定竞标的结果，如果是围标，那也是“合作”；两个球队比赛，它们的互动是为了分出胜负；即使在合作中有了合作的协议，也会出现一方有意违反协议的行为，这也是一种非合作行为；企业之间在产品、广告、价格上的竞争更是商业生活的常态。

合作并不比非合作占据更高的道德制高点

需要强调的是，合作并不比非合作占据更高的道德制高点。如果通过合作能够对各自产生更好的收益，那么合作就应该是互动的结果。反之，如果不合作的结果更好，比如竞争，那就是不合作博弈。

经典的囚徒困境中，两个囚徒如果有默契，合作了，就都可以避免牢狱之灾。但是，我之所以不喜欢用囚徒困境来上课，是因为如果两个囚徒可以通过合作逃避社会对犯罪的惩罚，这样的成功合作对社会又意味着什么？结果就是社会失去了惩罚犯罪的功能！而企业策略或战略则是一个非合作的互动，这种不合作互动应该遵循什么样的规律，博弈论也提供了非常好的洞见和思考框架。

在法院 LED 告示牌上，我们会看到那些滚动的诉讼的公示。或许我们应该想一下，那些现在正对簿公堂的原告和被告，哪一对不是曾经被互相认为的最合适合作伙伴？但现在他们又有谁不是在后悔当初的决定？他们中的绝大多数会想，如果当初选择的是不合作该有多好。我想，这应该是我们要反思的地方。

如何走向合作的互动

从可能的结果倒推我们的策略选择。

谈判中各方给出的建议方案就是各自让对方看到合作的好处的做法，这是最符合博弈论向后推理原则的现象。博弈论的思考方法揭示了我们都是从可能的结果倒推出我们最优策略的思考方法，即从假设的结局开始。

结果决定了我们互动的规律，各方互动的目的也各异。如果以合作为目的或目标已经明确，那么谈判各方都看到了双赢结果；如果各方觉得不合作是结果，比如输赢，行为就会完全不同。

突破困局走向合作

即使都是共同努力联合决策的结果，博弈论也把互动分为了同时博弈和相继博弈两种。同时博弈就是双方没有商量同时决策的博弈，这种同时博弈的特点就是双方并不沟通而是靠“猜”进行，比如石头剪刀布游戏、足球比赛中罚点球。这个游戏的特点是，如果双方都很理性的话，就会陷入囚徒困境的僵局，也就是一个双输的结果。同时博弈的囚徒困境也是一个均衡，谈判面对的问题是如何走出这个双输的均衡来达到一个双赢的均衡。目前，理论上靠同时博弈本身的策略是走不出囚徒困境的。

这个理论上的困局和我们现实生活中的困局是非常一致的。生活中，我们也很难走出困局，比如交通拥堵现象，孩子的家教补习现象，开后门送红包现象。

让我们回到《财富金球》游戏。当主持人宣布：我现在给你们一点时间，你们可以互相商量一下。这个宣布意味着，游戏性质从这个时候改变了。技术上讲，这是把之前的同时博弈游戏改成了相继博弈游戏。相继博弈如同弈棋，是你我轮流出招的游戏，等于我会把我的意图告诉你，你也会把你的意图告诉我，这样双方就有商有量，就不是一个猜的游戏了，如果最后的双赢机会存在的话，具有相继博弈性质的沟通和谈判，就一定会把双方引导到那个双赢的位置。

著名的纳什定理说的就是，博弈肯定存在最少一个解。几乎没有一次，《财富金球》游戏的双方是达不成协议的，原因就在于引入了双方沟通谈判的环节。这个环节一定会帮助你找到这个解，如果这个解确实存在的话。如《财富金球》游戏揭示的，走出困境的办法就是将同时博弈改成相继博弈，即改变博弈结构的办法。这也非常符合商业的现实，这也是谈判的意义所在。

明确可信的信号有利于合作

举一个常常发生在我们生活中的实例，两个对面走过来的人都想给对方让路，结果往往陷入同向移动，导致达不到互相让路的结果。这里有两个问题，一个是因为事先没有商量，所以存在一个同时博弈，同时博弈会陷入困局。而突破困局就需要明确的信号，这就是一个相继博弈。第二，往往再多次也不会超过三次，继而有一方会给出明确的信号，这说明人类重复的互动会达到合作的结果，当然前提是选择合作对于双方都更为有利。

谈判是一个建立信任的过程，建立信任首先是要给出可信的信号，可信的信号又意味着明确的信号。只有想合作的目标还不足以达到合作的目的，所以过程中的出牌方必须给出明确可信“真实”的信号，这是达成合作的第二要素。换个角度而言就是你的可信度，为了合作，你必须建立自己的可信度，否则合作很难达成。

这里还隐含了一个道理，谈判双方其实都希望对方是诚实的，除非你的一个非诚实的行为信号在对方看来比发出诚实信号更有利。（我们在后面分析维克瑞拍卖时还会提到如何让对方诚实，或如何营造一个让对方诚实的环境。）

其实以上分析也解释了谈判的精神，即要给出自己明确的立场和要求，让对方对自己的明确要求有一个正确的理解。这是一个希冀走向合作的谈判应有的态度。

当然，你给出的信号是不是取得了信任和你的信息是不是真实，这就是两个概念了。

缺乏信任也不是一定达不成合作，现实生活中信任不足的合作可能比完全信任的合作要多得多，但是缺乏信任会使你找不到最优的方案，因为你必须留有余地。建立的信任会降低交易成本，信任的不够肯定是为了给自己留有安全避险的余地，这样的做法会导致交易费用的提高。所以，猜测和不信任可能是双方无法找到最优解的根本原因。

合作的博弈的一个特点就是避免让对方去猜你的真实意图，而是要让对方相信你说的。建议的真实性和可信性是关键，此时最优策略就是给出对方自己明确的选择，就像《财富金球》游戏中 Nick 表示 100% 会选独占，如果这话“当真”，那 Abraham 只能选平分，然后等着分钱。反正这样也是一人一半的双赢结果，无非看对方是否被说服。无论是一起选“平分”，还是一个人选平分另一个人选独占，然后两人再平分，都是合作的范畴。

重复博弈会产生合作

《财富金球》节目之所以富有戏剧性，还有另外一个非常重要的原因：游戏是单轮的。这就是博弈论中说的单轮博弈。单轮游戏和一个游戏重复多次有很大的不同，这一点也是非常有现实意义的。商业生活中，我们常常会利用这个特点，用“以后还会有更多的合作”以及“长期合作”等，作为说服你让步的一个说辞。

博弈论是用倒推原则在知道未来还会有互动和合作的机会时，就会考虑长期的未来，人们就会在谈判博弈过程中比较关注形象、信誉、声誉等，也更倾向于合作。

就像《财富金球》游戏，如果还有下一轮，那么此时Nick的选择就有问题了。因为如果有未来的话，那么下次他无论讲什么合作，别人都很难相信了，这就引出了重复博弈的话题。也就是说，如果是重复的博弈，Nick一定不会使用这样的策略。

非合作的互动的影响

之所以要讲非合作首先是因为博弈论本身是以研究非合作互动为主的，非合作类博弈的结果并不是只有输赢，也可以是共存。其二，大多数人在谈判时所隐含的非合作的态度和行为，往往来源于对互动的非合作假定和判断。也就是说谈判在很多人心目中是以非合作为基本假定的。所以我们会听到很多关于商业的负面词汇，如“商场如战场”“无商不奸”“尔虞我诈”等。最后，我们要认识到，在任何一个实际的商业互动中，合作和非合作都是存在的，必然是互动交织在一起的。所以，要了解合作的博弈机理，也要了解非合作的合作机理。

从博弈性质看非合作博弈互动类别

（1）同时博弈的竞争价值

同时博弈就是规则不容许沟通的博弈。商业上讲竞争对手之间不可以串通共谋来影响第三方的利益。道理上讲这样将竞争对手保持在竞争的状态会鼓励竞争，对社会和消费者整体有好处。但对于竞争对手而言这是“囚徒困境”，因为是同时出招，你一旦有很好的策略手段，对方却没有足够反应的时间，就可能起到出其不意达到出奇制胜的效果。

在足球比赛中，我非常欣赏能够在门前不停球直接射门的球员。我认为“一脚球”射门威胁是最大的，因为守门员和对方队员来不及反应，很难防守。一脚射门一旦射正，成功的机会就很大，因为对方防守成功的可能性低。“一脚球”其实就是同时博弈，因为对方队员没有足够的反应时间，只能靠预判也就是猜测来决定自己的策略。这种球一旦踢进，守门员和防守队员都不会承担太多的责任。所以，防不住“一脚球”是正常的，因为这就是“一脚球”队员的本事，也是同时博弈的特点。反过来讲，如果接球球员需要先将球卸下，倒一下做调整，等到自己舒服了再射门，那么防守方也已经通过你前面的调整，有了充分的信息来判断球员射门的意图。这时再防不住，就是防守队员的问题了。所以“一脚球”还是两脚球，是一个同时博弈和相继博弈的区别。

同时博弈是猜的游戏，比得就是谁猜对，也就是运气。如商业之中有期刊之间猜测对方可能的热点选题。企业中不同部门之间也有诸多猜测：团队内部之间的合作缺乏协调，领导人缺乏领导力无法给出明确的方向让部下花大量时间精力去揣摩。这都是同时博弈。我们已经知道，同时博弈会使局面陷入困境，其核心问题就是一个“猜”字。

同时博弈的困境结果，不仅对合作的博弈不利，对非合作或竞争也不利，但有可能对于第三方有利。比如我就喜欢看射手的直接一脚射门，消费者就喜欢看企业之间竞争。但直接的博弈方，好像都不喜欢同时博弈。

（2）相继博弈在竞争中靠误导对手制胜

相继博弈的特点就是给对方信号。走向合作的相继博弈就是要给对方明确可信的信号，相反，以竞争不合作为目的博弈，也是通过相继博弈用信号的不确定性去误导对方让对方犯错。

非合作博弈的核心就是要让你的策略具有不确定性。在竞争博弈中，手段的不确定性为的就是能达到出其不意的效果，造成对方的判断错误，从而使自己在竞争中占得有利地位。所以如果你的行动规律一旦被对方摸透，肯定就会陷入被动。策略的不确定性包括误导和故意给出误导的不实信息等。一个企业可以宣布自己开始了一个其实并不存在的产品研发，或者某一个新产品已接近研发成功。二次大战时，盟军故意制造出要在法国卡莱登陆的假象，掩盖在诺曼底登陆的真正意图，直到诺曼底登陆开始，希特勒还坚信诺曼底是盟军的烟幕弹。

常见的比如足球和篮球比赛中球员带球过人的战术，都需要使用假动作来迷惑对方，虽然对方也知道，但假动作之所以具有迷惑力，是因为它也可能是真动作。无论合作还是不合作，都是希望对方相信自己的动作是真的，是可信的。

利用不确定性来误导对方的策略，和以合作为目的互动中以明确可信的条件为策略核心的做法正好相反。

我在介绍《财富金球》游戏时谈相继博弈会引导各方走向合作，那你可能会问体育比赛中如足球、棋类，这些都是相继博弈，但为什么都是以输赢为目标？相继博弈走向合作的关键是，博弈方可以进行沟通谈判来约定一个互相接受的结果，而且各方都知道合作的收益大于不合作的收益。但体育竞赛是游戏，而游戏规则不容许竞赛方约定比赛结果，所以不能相提并论。

企业竞争大抵也是如此，但又不是那么严格，虽然法律一般不支持竞争企业之间合谋来伤害消费者的利益。所以，对于每一个产品的输赢结果，应该交给市场来决定，即哪一个商品被认可被购买取决于消费者的抉择。换句话说，这个决定不是企业自己做出的，虽然企业都可以利用合法的公平的营销手段去影响消费者。但自由的市场经济中，企业对于合作还是不合作包括竞争，还是具有相当大的自由度的，这与有着严格规则的体育比赛完全不同。

（3）重复的同时博弈的信号价值会内生合作

但是，实验表明，当同时博弈不是单轮的游戏，而是重复进行时，互动会内生合作的激励。虽然，博弈论理论倒推法则认为，如果是有限的轮次，多轮的同时博弈等同于单轮的同时博弈。但这里是理论和实验的分离，我认为这是因为之前完成的轮次还是包含了信号的，一旦某一方有着合作的意图，特别是连续给出合作善意时，往往对方会接受这个信号。

不确定性博弈彻底改变局面

我们最后再回到互动矩阵，我们之前的讨论主要是针对纵轴的合作还是非合作进行的，现在我们来看一个更重要的维度，即确定性还是不确定性维度。

《财富金球》游戏博弈有个前提，它是确定性博弈，即知道结果的博弈，知道结果的博弈就是确定性的博弈。博弈方知道可能的结果，就会启动倒推的思考模式选择自己的最优策略。

但如果我们改变博弈结果是确定性的假定，即不确定性博弈的时候，人的思考就不是倒推的原则。这是一个算无可算的结果。我在不确定性博弈中会详细分析这种博弈的意义。简言之，不确定博弈更具现实意义，因为我们实际的决策都是面对未来不确定性的。所以，我把有结果可以倒推的策略叫作对策，而结局不确定的博弈，我才称之为决策。

面对不确定性的未来，走向合作的双方会共创双赢的结局。如果结局是确定的博弈，原则上说就有了肯定的解，因为结局确定性的博弈的策略组合是有限的。无论是同时博弈还是相继博弈都可以倒推回来，如此一来，如果能够看到各自在结果中的收益是好过别的方案的，那么总能找到博弈各方都能接受的解。即使是非合作方，面对未来的不确定时，也会产生“默契”的互动关系。

共存互动才是前提。博弈本身就说明这个特点，即使是竞争或不合作博弈，也是一个互相影响的行为，更何况合作的互动。

我们看到，同时博弈通过重复进行会内生合作的激励，以合作为目标的相继博弈本来就是合作导向，不合作的相继博弈在不确定性的时间维度上也会产生默契。那如此一来就说明了无论合作还是不合作，人类的互动的终极走向就是合作，即使是竞争关系也不例外。在一个时间的维度上来说，竞争只是战术，合作才是战略，这种合作包括竞争者之间的默契。对于不确定性的认识，会决定我们的价值观，而我们的价值观也影响我们的博弈。

所以，我们要清楚一个概念，那就是：确定性的博弈中的策略是对策，面对不确定性的选择我认为才是决策。

国际象棋大师卡斯帕罗夫说过，如果下棋的时候没有长远目标，那么你的决策将只是纯粹的反应，对局将被对手主导。这句话其实很好地阐明了对策和决策的区别，既体现了无限重复博弈的时间特点，也反映了博弈论从结局倒推的原则。

|第十五章|

不确定性在博弈中的重要性

无论是财富金球还是囚徒困境，这些博弈的一个特点就是它们都是确定性博弈，即知道结果的博弈，博弈的人在所有可能的已知结果中做选择。这个事先知道的结果可能，可以是事实，也可以是决策者的主观判断。如果结局是确定的博弈，原则上说就有了肯定的解，因为结局确定性的博弈的策略组合是有限的。

但是，真正的现实世界是不确定性的。我们往往分不清不确定性和风险。不确定性和风险的区别是，风险是可以有概率的，而不确定性是没有概率的。

我们算出来的很多概率，其实只是代表了我们的主观判断，并不代表未来，因为未来是不确定的。

不确定性和外部性

无论谈判还是决策，我们都是在对未来做安排，都是面对一个不确定性未来，所以讨论不确定性很有意义。如果我们把不确定性真正引入思考的话，我认为商学院的大多数课本都要重写。

如同博弈论常见的表现形式，结果是事先知道的，你就会用反向倒推的逻辑思维推理出自己的选择，甚至是每一步选择；如果你掌握了每一个决策方行为规律，你就能计算出最后的结果，如经济学边际分析，可以算出最优的产量和均衡的价格。所有的这些，都是基于确定性的思维。而不确定性，是指我们不知道未来的结果是怎样的，也不知道各种可能的分布，我们自己的行为规律并不一致，也无从了解别人的行为规律是不是不一致。那么，在不确定性的世界里，我们的行为会有什么特点，而这些特点对于谈判和决策行为又会带来什么影响呢?

维克瑞拍卖（无概率次高价竞标）和真实信息披露

有采购经验的人都知道，企业肯定是希望供应商能够提供真实的价格，但绝大多数情况下这都只是一厢情愿的想法。即使拿到数据，企业本身对数据的理解和供应商自己对数据的理解也不尽相同。作为一个供应商即使我是一个非常诚实的人，我完全披露我最真实的信息，但我又有什么办法来向客户保证让其相信我说的是真实的呢?

美国著名经济学家威廉·维克瑞（William Vickrey）因发明了 Vickrey 拍卖，即次高价暗标拍卖法（Second price sealed bid auction），而获得了 1996 年诺贝尔经济学奖。

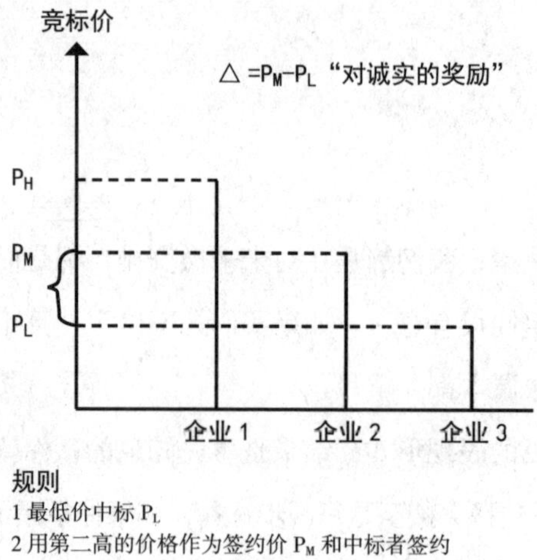

维克瑞拍卖

假定有三家企业参与竞标，三家企业都知道自己的真实成本，但互相之间是不知道的，买方也不知道供应商的真实成本。现在的规则就是：最低价中标，但关键是第二条规则，签约价一定位于中标价的上面。理论和实验都证明，在这样的环境中，供应商会报出自己的真实价格，因为这会最大化自己中标的机会，而第二条规则事实上也保证了我一定会有利润。这个竞标规则保证了披露真实成本是对自己最优的策略。经济学家把这竞标价和签约价之间的差价称为“对诚实的奖励”。

界外效应

1996年，瑞典皇家科学院决定把诺贝尔经济学奖颁发给维克瑞，以表彰他“在不对称信息下对激励经济理论做出的奠基性贡献”。我认为这个评价很可能低估了维克瑞机制的价值。因为这个机制有着比竞标更深远的社会意义。我觉得维克瑞的机制不是信息不对称的问题，而是不确定性在起作用。无论是哪一家企业，包括买方，都不可能知道最后的签约价，所以签约价具有不确定性，而这个时候去猜测签约价也是毫无意义的。如果故意报出高于真实成本的价格，虽然可能增加了自己的利润，但却会降低自己中标的机会。本质上，维克瑞竞价就是用次高价 Pm 的不确定性来激励诚实出价，最后签约的价格即成交的价格是事先谁也不知道的，完全不确定。包括招标方在内，没有一家可以按照一个最后的价格来倒推自己的策略。我认为，维克瑞竞价的核心在于用次高价即中标价的不确定性来激励诚实出价，所以，具有不确定性的合作得益会鼓励诚信的行为（策略）。

在不确定的合作博弈中，核心起作用的机制是“界外效应”，这个概念说的就是自己“会承担自己强加在对方身上的成本”。回到我们之前的例子，就是我故意报的比自己的成本价要高，这样机会主义的做法是想多赚一点利润，但这样做的风险就是减低了自己赢标的机会，因为万一有竞争对手的报价比你的报价更低，你就会失去机会，而这样的后果你必须承担。从某个角度讲，这是损人不利己。所以，在不确定性下，诚实出价应该是对各方都有利的策略，因为只有这样，才能最大化得到项目的成功机会以及最小化失去项目的可能。

维克瑞拍卖的意义除了在鼓励合作的诚信以外，还能大大降低交易费用。因为算对方的成本和出价是有很高成本的，而这里是将最真实的判断交还给了出价者自己。大多数组织竞标的人总会有这样的想法：竞标适合那些标准化的产品和服务。他们的理由是——只有标准的东西，一样的东西，比较起来才存在异议；那些无形化的资产或价值是很难定价的。

很显然，这种认知存在误区。标准的东西，定价比较容易，交易自然也简单，这是事实。无形化资产的直接定价存在较大困难，但通过维克瑞拍卖你可以问出真实的看法。

契约精神源于不确定性

我用不确定性这个思路分析了英国中世纪长达1000多年的农业产业合作对于契约精神的影响，发现农业社会是产生契约精神的土壤。

具有高度不确定性的农业环境中，地主和农民讨价还价得益矩阵如下：

		地主	
		诚实出价	非诚实出价
农民	诚实出价	可能成功，可能成功	0，0
	非诚实出价	0，0	0，0

高风险农业经济里地主和佃农的谈判博弈（无概率）

我对不确定性博弈的关注源自我对英国宪政史的研究。我坚持认为，只有当诚实守信对本人也是最优的策略时，诚实守信才应该是持久的，也正是这种持久才会促成宪政。那么到底是什么原因让契约精神得以发展延续呢？

我分析到中世纪的英国有着长达千年的农业社会，经济主体是农业，而农业社会具有高风险的特点，也就是说今年的努力并不能保证明年的收成，靠天吃饭，佃农不努力更不会有好的收成，于是地主和佃农的合作就非常重要了。

宪政中世纪英格兰农业社会中，地主和佃农的合作就反映这个特点。在农业这项高风险行业中，如果地主出价过高会降低佃农耕作这片土地的积极性，而被压价太低也会使佃农失去签约后精心耕作土地的激励。在此情形下的诚实出价是最优策略，这奠定了契约精神和宪政思想的基础。诚实出价机制也是研发合作和风险投资合作所应该遵循的原则。

农业是一个高度不确定性的行业，无论多么努力，第二年的收成还是具有很高的不确定性。任何非诚实出价，比如地主故意压低佃农的收益，则佃农即使接受协议，也会失去劳动的积极性，在不确定性的未来，失败的可能性就会增加；反过来，如果佃农非常会谈判，故意把价格抬得很高，则地主会重新估计，在巨大的不确定性下，地主可能会选择宁愿将地荒在那里，也不继续合作，而佃农也会失去工作的机会。

谈判中的诚实出价

其实关于合作谈判的一个特点，就是双方对于合作结果都不确定。比如联合开发新产品，新产品的未来是一个不确定性。风险投资投资创业企业，那么创业企业的前景，就是一个不确定性。合资合伙开公司，而未来成功与否，也是一个不确定性。

不确定性反过来会影响合作方的行为，特别是诚信方面。不确定性前景的合作中，诚信更容易成为优势策略。而确定性的前景中，优化效率方面机会主义行为更明显。

我设计了一个不确定性的谈判实验，合作双方各自知道本方最真实的投入意愿。因为是一个新系统的开发项目，所以未来前景是不确定的。从商业常识的角度来看，双方都明白如果投入不足，产品可能达不到要求，质量就会打折扣。如果把投入抬得过高，高过实际的需要，虽然赚了对方的便宜，将来在成本回收上会取得利润，但这样就会导致产品的价格过高，即使开发成功投入市场也可能不具备竞争力。这时，外部性就会对谈判双方的思考起作用。从这个实验可以看出，大部分的谈判方都会披露各自真实的投入。不仅如此，双方都希望对方提供真实的成本，而不是压低对方的价格，因为那样对项目、对自己都不利。

这个实验结果揭示：我们应该将谈判分成确定性的谈判和不确定性的谈判两种。因为两者的谈判策略方针非常不同。如果是确定性的谈判，比如一家物流公司有1万辆车的物流车队，每年需购买1万条轮胎。物流公司并不需要轮胎厂商对自己的业绩负责，这时谈判可以主要看价格，可以通过讨价还价，甚至竞标，拿到最好的价格。苹果电脑找富士康开发软件也是一样，苹果公司并不依赖富士康在软件开发上的创意，只要按照需求请程序员编码就行，这也是确定性的谈判。

不确定性谈判不仅揭示了真实披露信息对于合作谈判的重要性，也提示了谈判人员如果可以让对方意识到合作成功的不确定性，就可以让对方将注意力从压价的习惯上转移到真正关注对方是不是也有收益上，而不仅仅是停留在嘴上讲双赢。也就是说，我真正关心你是不是赢，因为我赢是以你赢为条件的。这样，我们才算是抓住了双赢的关键。

我的一个学员在一家医疗器械做销售，他跟我分享了他的一个经历。他供货的一家医院的新任院长刚50岁，很有企图心，他把引进这套医疗器械看成是自己的政绩。虽然还有很多供应商，但这位学员所在的这家公司是业内最大品牌。这位院长其实就认这个牌子，他把自己的前途和这套设备绑在了一起。在这个前提下，价格是否便宜，就不是这位院长考虑的问题了。

其实，这就是不确定性对于谈判和决策的影响。未来的前途是不确定的事情，设备可以创收，而少出故障就是他的成功。不确定性对于谈判的启示很重要。一直以来，哈佛的谈判理念就强调，要做价值谈判而不是立场谈判，即不要只关注价格的讨价还价，而是要让对方看到价值，从价格入手去影响对方的立场。我们现在可以进一步地说，不仅要让对方看到价值，而且要具体地让对方意识到不确定性——因为一旦认识到不确定性的重要性，不仅对方会从价值出发，而且还会激发对方的同理心，会关注你的利益是不是得到保证。因为你的利益得到保证，他的利益才会真正有保证，项目才会成功。

不确定性对于商业合作的意义

Power of Two 是一个针对 10 家世界著名企业的合作案例的研究报告。研究的都是企业和供应商具有战略意义的合作项目，这些合作的未来成功与否有不确定性，所以符合未来得益的不确定性条件。研究发现，这十个项目都在合作中呈现了如下的特点：

> **公开账簿：**成本公开，诚实出价，避免了外部性，即"承受本方强加在对方身上的成本"；
>
> **合作研发：**合作都是针对未来的新项目，都属于不确定性很强的项目；
>
> **共享预测：**这也是一种对于未来不确定性的管理。供应链管理告诉我们，由于不分享预测造成的过高的库存，都会通过成本反映在下游企业的成本中，最后反映在过高的终端产品价格上。所以，无论是销售还是库存，分享的预测会增强其准确性，最终以达到降低成本和优化成本的目的，同时也增加了产品的竞争力和成功的可能。

本田中国物流就是个很好的例子。日本本田汽车公司的物流管理非常先进，在物流的管理领域也有很多创新。他们和中国的东风汽车有着很好合作，成立了汽车和物流各占50%的合资企业。本田的总经理曾说，中日双方合作的非常好，他在公开共享日企在物流方面的理念和方法方面的策略就是毫无保留。

这些事实说明，未来成功与否，关键在于不确定性的合作项目中，合作方是否都能采用诚信的态度合作，因为这个时候采取信息保留是损人不利己的行为。

不确定对于竞争的影响

不确定性分析奠基人埃奇沃思的寡头竞争分析中有三个要素，结果、价格以及产量都具备不确定性的特点。埃奇沃思的竞争模型奠定了寡头竞争的分析基础，埃奇沃思的竞争模型中，不存在均衡，结果非常不确定，他本人也从此被称为不确定分析的奠基人。不过在我看来，他之后的古诺模型和波特兰模型都是结果确定的竞争博弈。古诺模型和波特兰模型因为是确定性模型，所以可以漂亮地在课堂上推导演算。但我认为，埃奇沃思的寡头竞争无法给出确定结果恰恰反映了不确定性的特点，而这也更具现实意义。

如果我们在埃奇沃思的寡头竞争的模型上，引入博弈论的长期重复博弈和创新的思考，价格可能就不会是唯一的竞争手段，那么价格竞争就不应该成为唯一的策略。不确定性的环境，甚至可以是竞争方意识到让对方损失也意味着对自己有伤害，所以，非合作博弈不确定性结果会内生竞争者的“默契”。

供给永远会创造需求，也意味着创新永远可以制造出新的市场，企业供给能力永远如旋转木马，永远在追赶市场需求，市场永远不可能由一家市场全部占有。这里面的商业的逻辑就是，市场永远不会是一家垄断。创新就是一个永恒的主题，而价格战只是权宜之计。

按照这个思想，竞争者永远是长期共存的关系，干掉了一家，也会有新的一家出现。其实，是否能够认识到竞争双方是一个共存关系是一个企业的格局的问题。

如果对于市场和互动有这样的理解，即使是非合作的互动关系，也会产生互动的默契。换句话说，竞争关系，也会产生一种默契。在长期价格竞争后，1961 年百事可乐转向“年轻与创新”，与传统经典的可口可乐形成差异化的对立。正如百事可乐前首席执行官罗杰·恩瑞克所说：“两者的战争必须被看作一场没有硝烟的持久战。没有可口可乐，百事可乐不太可能成为一个富有创意、行动灵活的竞争者。可口可乐越成功，越是激励我们必须更敏锐。而在战壕的对面，我相信可口可乐的人会说，对于可口可乐公司今日的成功，谁的贡献都没有百事可乐多。”

不确定性对未来的意义

人类对决策的研究和理解，从计算最优决策到计算均衡，再到面对不确定性，是一个对世界的不确定性理解不断深化的过程。最优决策就是单方面的计算对自己的最优策略，比如计算哪一个选择会给自己带来更大的NPV(净现值)。

哈耶克在均衡思想的基础上引入了一个时间的不确定性。他认为当我们无法确定时间的结束时，算无可算的我们就会诉诸价值、规则和宗教等价值观的层面。我的理解是，当我无法计算对自己的最优时，我就会希望有一个公平的规则存在，我无法害人，我也不希望别人害我。当然，这种公平是相互的，我如果害人，那么最后也会害了自己。

不过总体来说，文献中对于不确定性条件下合作的涉及是比较少的。比较成熟的纯策略博弈（策略选项）和混合博弈（概率处理）都属于确定性的博弈的范畴。

不确定性博弈（非概率处理）的分析研究应该更具前景和实用性。但目前对于不确定性的处理，都没有离开概率的假定。

研究不确定的博弈对企业战略是很有现实意义的，且以此为出发点的最重要的模型就是贝叶斯纳什均衡。

这个均衡的达到，是通过海萨尼转换[①]将不确定性条件下的选择转换为风

①海萨尼转换，是指把不确定性条件下的选择转换为风险条件下的选择。在风险条件下，B虽然不知道A的类型，但可以知道不同类型的分布概率。

险条件下的选择。按照海萨尼的方法，其他参与人不清楚某一参与人的策略类型，但知道这些可能出现的策略的分布概率，而且这种概率是公共知识。公共知识意味着我知道你知道我的分布概率，这样就达到了贝叶斯纳什均衡，其表现的策略组合为：在既定自己的特征和其他局中人的特征概率分布的情况下，每个局中人选择策略使自己的期望支付达到最大化，也就是说，没有人有精力去选择其他策略。

我认为，海萨尼转换把一个不确定性博弈变成了确定性博弈，是一种扭曲的做法。因为概率本身代表的是一种确定性。现实的不确定性要我们必须接受未来不确定性连概率也没有的事实。

不确定性分析可以从博弈结构入手

继而我发现，博弈结构的诸多方面都可能呈现不确定性，可以是得益的不确定，即 payoff（支付）不确定；可以是策略的选项具有不确定性，即纯策略之间不存在概率关系，以及重复次数的不确定性。我对博弈结构做了不确定性处理，即融入不确定性机制，这是一种非概率化处理。

不确定性是对未来事件或策略选择的非概率处理。未来的事件第一是不可定义，第二是无法知道它发生的概率。这就是不确定性的定义。我的目的在于探究不确定性对决策的影响，意在为制度设计、合同安排、竞标、商务谈判以及决策提供一些提示性的指导。

对不确定性认识其实是价值观

中国的企业多数运用价格战与国际企业竞争，因为在中国企业家的思维里，同行是冤家，市场如战场，企业竞争几乎就是你死我活的战争。所以他们理直气壮地开始价格战，寄希望于干掉对方，最后由自己独占市场。**其实这个**

思想是违反商业逻辑的。不仅会在合作还是不合作的判断上出现问题，而且在确定性与否的判断上，错误可能更严重。分析下来有以下几个原因：

1. 渠道的介入：短期行为者介入游戏
2. 外企的高层往往是有任期的：有限次的博弈
3. 商业制度环境无法让企业有长期的打算，即非长期重复博弈

如果是不确定的重复竞争博弈，它会内生默契，鼓励创新。确定还是不确定性的判断很重要，这取决于决策者的三观。

我们现在知道，长期重复互动会导向合作或默契。如果博弈是重复的，只是以价格战为主要竞争手段会受到报复，就会激励创新，创新是具有避免价格战作用的竞争手段，而且可以带来更大的市场。我觉得研究竞争就应该多研究重复博弈，即使是囚徒困境游戏，重复的囚徒困境博弈也会激励合作。所以我们说，如果重复博弈是无限次的重复博弈，那么一定会激励那种共存的“默契”。

但很多人的判断是短期的，即便事实应该是长期的，但只要你判断是短期的，那你的判断就会影响你的决策。

我之所以介绍互动矩阵，目的就是为了帮助企业在决策时，对市场环境和互动性质做出理解、分析和定位。如果在一个确定的市场，你定位的如果是合作，那么你的追求就很明确，这在一定程度上也影响了你谈判的目标和风格。如果在一个确定大小的市场中，你追求的是竞争，是输赢，是零和以及你死我活，那么你就竞争，竞争要求的是规则的公平。这里面要注意的是对于市场的判断是不是准确，在一个自由准入的市场中，定位自己会一家独大、一家通吃往往是错误的。

但如果是一个未来不确定性的可能性更大、现实性更高，你确认自己需要合作方一起合作的话，那么诚信透明地合作就是最有利于自己的策略。

第十六章
善用谈判技巧

谈判技巧可以分为几大类：博弈类、情感类、沟通类、组合类、原则类、计谋类，也可以兼而有之，这个分类不必太严格。

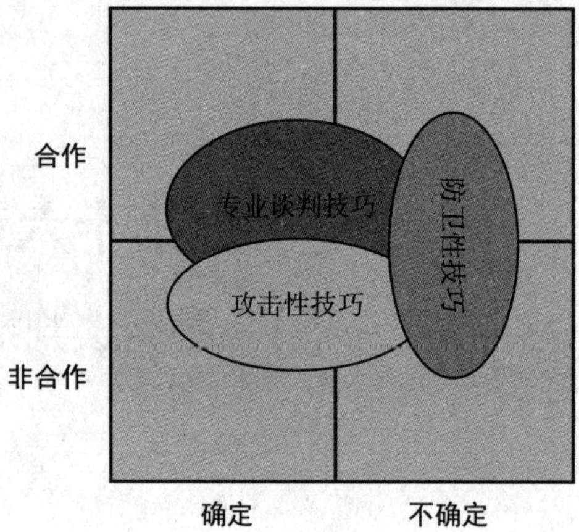

谈判技巧使用分析

一般所说的谈判技巧是指那些计谋类的技巧，其余都可归类于专业性的技巧。专业性的技巧，更应该算是技能，任何时候都可以使用也应该被使用。而计谋类的技巧可进一步分类为攻击性和防守性。选择何种谈判技巧应取决于谈判的类型（如上图所示）。选择何种技巧也因人而异，有的人适合或习惯使用某一类技巧，而有的人可能完全无法驾驭某些技巧。

如何使用技巧这把双刃剑

使用计谋类谈判技巧将面临当时或者之后被识破的尴尬境地，一旦被识破就会陷入诚信危机。所以，以商业合作为目的的谈判应该以让对方接受不损害己方利益的条件为限度，不鼓励使用带有欺骗性的谈判技巧，这样不但会对对方造成损失，还有可能招致不必要的报复。

当然，技巧要用，关键是要看怎么用。

意识到对方在用技巧，你就有了一半的对策

不确定对方是否在使用计谋时，就假定对方是在使用计谋并采取相应对策，直到能够确认为止。如下几种情形中对方使用计谋的可能性会较大：

1. 双方都是初次接触，互信度不高；或虽然长期合作但只是一般商业关系，个人接触不多。

2. 对方有在谈判中使用计谋的名声或“前科”。

对方谈判地位不占优势。

3. 双方未来或者长期合作的机会不多。

情绪也是谈判技巧

人是有情感的动物。我们的任何行为与决定都和我们的情绪及情感密切相关，而且我们的情绪一直在变化。安东尼奥·达马西奥对脑损伤病人的研究证明：没有情绪的话，人是不可能做出任何决定的。

休谟说过，理智是情感的奴隶。说明了情感与理智相比，对人的行为方式更具统治力。如此说来，情绪本身就成了一种谈判技巧。比如在谈判过程中可能出现这样的对话，“我们已经合作这么多年了，我今年遇到了这么大的挑战，你一定要帮帮我。”这就是在利用情绪情感做技巧。当然，用情绪情感做技巧的前提是你本身是理性的。用一句有点拗口的话来总结就是：你要理性地使用非理性的情绪来作为你的谈判技巧。

谈判过程中我们不仅要管理自己的情绪也要管理对方的情绪。用情绪作为技巧，影响对方的也是情绪，如同对人施了魔法，当时可能诱使对方做出了对你有利的决策，用俗话来说就是“上了当了”；但等对方冷静下来后必然会后悔，甚至会有受骗的感觉。所以你要考虑到接下来的要面对的后果：你可能会遭到无法预想的报复，又或者你之前谈下来的约定不一定会得到执行。

要强调的一点是，情绪和情绪化不同。有情绪很正常，但你如果情绪化就有问题了。因为，当我们情绪化的时候，我们的决策能力和判断能力就会下降。就像体育比赛中常见的职业运动员受情绪的影响，会出现情绪化的状况，如足球球星罚点球不进、高尔夫球员近距离推杆推不进等，这都是情绪化的表现。

但是，对方情绪化的时候，是最容易建立关系和信任的时机。当一个人情绪化的时候，也是最容易被同情心和同理心攻破的时候。很多人一辈子的闺蜜或死党都是在其遇到困难或失败的时刻结交的，比如失恋时，这个朋友只是花时间耐心地聆听，或说了几句富有同理心或同情心的话语，于是我们就认定了这是一辈子的朋友。如果没有经过这样的考验，是不是真朋友还真不好说呢。

我每天晚上要哄儿子睡觉，他喜欢看《蜘蛛侠》，所以我必须陪他一起看两集《蜘蛛侠》，他才能入睡。在这一点上，他倒是挺有诚信的，开始他会在看几集的问题上和我讨价还价，但一旦定下了，只要看完他就会把手机还给我。当然，和小孩一起看卡通也是挺折磨人的，但没办法我还是装出“饶有兴味”的样子和儿子一起观看。有天晚上里面的一句台词激发了我：“激怒你的人征服你！”原来陪儿子看动画片我个人也是有收获的，这不正是情绪管理的真谛吗！

从这个角度可以看出，其实我们很多人在沟通过程中，情绪的影响都是双方面的。

看懂谈判的主场，避免雷区

成本谈判是买方的主场，价格谈判是销售的主场

我为很多公司上过有关采购培训的课程。每次当我听到采购人员说自己正在做价格谈判时，我就知道他需要上课了。为什么？在课堂上我会告诉大家记住一个道理：成本谈判是采购的主场，价格谈判是销售的游戏。采购必须谈成本才会化被动为主动（这本身是一个重要的谈判技巧），而销售就是要避免被拖入成本的谈判。

确实，成本谈判会帮助采购人员变被动为主动，谈判时不必一味表达对方的价格太高，你只要问为什么是这个价格以及这样的价格是怎样组成的就好。之后，你再一项一项和销售人员确认，那么许多问题都会清晰地呈现在你眼前。而这个过程本身就会对降低成本带来预想不到的效果。如果你只是砍价，那说明你还身处在人家的主场，自己并未得到主动权。

比如，企业购买咨询服务的时候，一般都会付给顾问费加差旅费。但当企业做价格时，顾问的费率为 DL + OH + SGA + PBT = 100%（费率），其中差旅费用已经包含在费率内了。如果在顾问的费率以外再加差旅费显然会出现重复计算的问题。

另外，我经常遇到学员和我说类似的问题：一个供应商已经每年降价 5%，再要求供应商降价是不可能的。这时我会问学员，是否分析过这家供应商的年

报或者财务数据？答案一般是没有。其实，对供应商提出问题很有必要，尤其是多年的老供应商，我们知道 SGA 里面包含了销售成本，但问题在于你既然已经是我多年的供应商，我只要一个电话，你就过来和我谈明年的合同，这里面有多少销售成本呢？如果供应商报价中没有考虑这一点，我可以保证他们公司的标准报价中一定包含了销售成本，可这对买方公平吗？

这些年来，越来越多的采购接受了成本分析的训练，这对于销售人员来说不一定是好消息，但长远而言理性的买方对于双方的合作还是有益的。销售人员需要准备好应对越来越专业的买方。

避免轻易上钩的对策

避免轻易上钩的对策

（1）不具备可信度的威胁无效

威胁的可信与否取决于威胁是否也会损害威胁方自己的利益。悬崖策略就是利用了自己对风险的不可控制来提高自己威胁的可信度的。

（2）不可兑现的承诺无效

任何承诺都需要承诺方来证明承诺的可兑现性。测试对方是否愿意证明承诺的兑现是测试对方诚意的有效手段。

（3）只给出带有前置条件的承诺

不得不给出回应时可以采用只给出带附加前置条件的承诺的做法。当不具备信任时，这是对自己的保护性技巧。

何超先，是我当年念 MAB 时的同学，非常优秀。他的第一份工作就是在最好的战略咨询公司麦肯锡做战略顾问，离开麦肯锡之后就一直在 500 强企业从事亚太区的并购。有一次他和我分享他当年并购国产品牌大宝的故事。

他说他第一次见大宝的老板时，这位成功的企业家态度非常坚决地表示，我的企业要卖 23 亿，你先告诉我你是不是会出这个价，如果不到这个价，一切免谈，你们现在可以就走了。何超先并不慌乱，也坚决地表示：没有问题，如果你的企业真的值 23 亿，我一定会付你 23 亿！

在这里，大宝老板的谈判策略，如果有的话，就是"先发制人"的策略，这是强势企业经常会采用的策略。而何超先的策略其实就是符合"只给出带有前置条件的承诺"的应对策略。当时那个场面，如果你开始讨价还价，事情就可能不好收场。你没有否定他的 23 亿，但却很巧妙地附加了一个条件，所以你的 23 亿的承诺是带有条件的，这对买方来说其实是没有风险的。这也是打破僵局的一个手段，可以避免直接挑战对方的立场。

这里介绍几个主要的谈判技巧

（1）控制文字

这个技巧和谈判者的职业能力关系密切，它意味着如果你能控制会议的进程，比如将会议纪要的权利、讲解的机会、讲台、白板、视频控制都掌握在自己的手中，其实会为自己增加很大的主动机会。特别是服务类行业，很多事情口头表达等于没说过，不如笔头写下来得有实际意义。我有一个从事人力资源外包行业的客户，他在参加销售培训时向我诉苦，说很多客户（主要是人力资源的部门）在签约前会对销售人员给出建议的项目逐一否定，等协议签署后又会问为什么这个没有那个也没有。我问他，这些销售学员是否在客户对业务否定时做过会议记录或笔录。答案基本都是没有。如果有记录的话，事情会很不同。因为人有一致性的心理影响，即谁也不希望被别人看作是出尔反尔、言行不一的人。所以，也许不是这些客户出尔反尔、言行不一，而是他们也忘了自己说过什么。

（2）红脸白脸

当我方要与对方的两个代表进行会议时，不妨采用“红脸白脸”的阵容，其中一个扮演白脸，态度不友善要求也高，问的问题带有挑战意味，表现出来的感觉就是对双方能达成共识的协议并无兴趣。而另外红脸的扮演者则显得比较平易近人，态度和善，并且表示愿意合作。

采用这样的技巧，无非是想让黑脸去要求 L，要求不到就用白脸来保住 M。如果对方也使用这样的技巧，那么你就采用忽略白脸，专注和红脸谈话，但要提醒自己，他们其实是一样坏的人就可以了。在“红脸白脸”的谈判中，反映了好几个心理陷阱，这就有对比效应，因为比较下来，你会觉得红脸比白脸好，这个技巧的目的就在于它会让你过于相信红脸。

（3）换位思考

换位思考现在已经是一个套话了。换位思考可以帮助了解合作对于对方的实际意义和价值，有利于增加信任和找到更好的解决方案。一个是主动换位思考，有从对方角度思考问题的习惯；另一个是希望对方能够换位思考。事实上，这本身就是互动博弈的一部分，让对方意识到一个互动博弈的存在，目的就是让对方意识到这个互动关系的实际存在以及重要性。

（4）分而治之

当在进行小组谈判时，对方一直对我方谈判小组中的某个组员提出有一定深度的问题并询问其看法。这是对方在使用“分而治之”策略以瓦解我方的强势地位。关于这个技巧我有一个有趣的经历，我和同事安东尼亚一起在哥本哈根做培训，班级中正好有一位印度学员，当听到这个技巧时，他笑着和安东尼亚说：这个技巧不用教了，我们印度人都懂。班级同学都笑了起来，因为英国当年对印度殖民统治时正是使用的这个技巧。现在国内的动迁工作中，有关部门也在使用分而治之的技巧。每一户都是分别谈的，这样业主之间很容易产生矛盾，就肯定不会形成合力，因为最后几户人家会被带上钉子户的帽子承受来自邻里的压力。

（5）精确错觉

销售人员喜欢用“一个点，两个点”这样的表达方式，其实这和“有趣数字”效果一样，由于销售面临的都是别人的降价要求，而这样的表达会让人觉得量不大，谈判自然也会更加顺利一些。

此外，精确到个位数的报价会给人一种非常精确的错觉。一家公司的销售老总在和客户谈价格时，即使他心里不想接受降价，但依旧会“装模作样”地在计算器上算一会儿，继而满头大汗地告诉客户：唉，真是一分钱都降不了了。他在计算器上计算的举动，其实就是为了留给对方一个报价精确性和可信度极高的印象。

（6）俄国前线：怕失去好东西的心理

备选方案（BATNA）使我们知道，在谈判中把自己的 BATNA 塑造得越强越好，就是要明确自己的 BATNA，明确它很重要，起码是可以不交易，这样你的议价能力和心态就完全不同了，也可以买到性价比最好的东西。同时，要把对方的 BATNA 搞得弱弱地，俄国前线讲的其实就是我来定你的 BATNA，或者告诉你：你的 BATNA 很差，你最好老老实实接受我的条件。同时，这里面有对比原则（contrasting principle）的作用。

60 个谈判技巧

我在后面的谈判工具卡片中列举了 60 个谈判技巧，因为人是有限理性的，人可能被影响的方面是无穷尽的，而这些常见的谈判技巧的作用就是为了影响对方。想要理解技巧、学习技巧，最好就是从有限理性入手，重视行为经济学的发展，知道人类所容易落入的心理陷阱。

我以前一直认为，谈判技巧少用为好，当然这一般是指那些计谋性的技巧。因为一旦用不好就可能适得其反。通常，我会有意地观察谈判，发现当中存在一个普遍现象：谈判时双方的内心其实都希望对方诚实，如此才能了解对方真实的想法，但这往往是一厢情愿。诚实的社会能大大地降低交易费用并提高沟通效率，但由于诚实的行为往往得不到社会的尊重和回报，甚至还可能被利用，所以就造成了现在的这种局面。

不过，我在接触了维克瑞拍卖的思想后发现，如果一个制度能够保证诚实可以得到公平的回报，那么诚实和自私就完全不矛盾了。一旦“诚实”会为自己带来最大的回报，那谁还会选择“不诚实”呢？

一定程度的合作不确定性以及竞争的环境是鼓励诚实的，而且谈判者故意营造这样一个维克瑞条件也是有利于合作的。我在培训谈判的过程中也经历过这样一段心路历程。之前，我对谈判技巧的看法是“不鼓励使用”，但要提防对方使用谈判技巧。在学习了维克瑞拍卖以及不确定性的价值后，我想，既然以合作为目的的谈判者都期望对方诚实，那么如果使用这些谈判技巧可以营造一个让对方诚实的环境，也未尝不可，但这个度需要把握好。只要不撒谎，技巧就可以成为帮助自己达到心理均衡的有效手段。

告诉对方“我还有其他选择”，这就是一个竞争环境的营造，也是BATNA的作用；另外，结果的不确定性也是可以利用的，不给出一个明确的价格目标就是一个关键技巧。最后，需要再次强调的是——谈判技巧不应以对方损失为前提，甚至需要利用机制保证对方的利益，这就是我对维克瑞思想的关注。

附表　谈判技巧

俄国前线 Russian Front	小鸡啄米 Chicken Nibbling
核战威胁 Atom Bomb/Armageddon	错误总结 Incorrect Summary
悬崖边缘 Brinkmanship	故意误解 Deliberate Misunderstanding
分而治之 Divide and Rule	顺手牵羊 Snatch
声东击西 Red Herring	谈判记录 Memo
定锚效应 Anchoring the Markers	笔的力量 Power of Pen
保持沉默 Silence	清晰表达 Assertive
打破沉默 Break Silence	搁置话题 Back Burner
换位思考 Empathy	诉诸标准 Standards
黑脸白脸 Good Guy Bad Guy	框定效应 Framing
情感攻势 Emotion	求同存异 Common Ground
情感支付 Emotional Payment	寻求共识 I know you know
木马攻城 Trojan Horse	层层设防 Defense in Depth
打苦情牌 Broke	小步前进 Incremental
不厌重复 Broken Records	要求休息 Recessing
打人情牌 Personal Favor	一起午餐 Let's DoLunch
和盘托出 Full Disclosure	小事道歉 Sorry
问为什么 Why	听着太好 Low-balling
要我怎样 Onus Transfer	先发制人 Pre-emptive Strike
乐于助人 What Can I help	意大利肠 Salami
设置期限 Deadline	有趣小钱 Funny Money
打预防针 pre-warning	对方违规 Guilty Party
丑话在先 offensive talking front	头疼发作 Headache
交换变量 Variable Exchange	你开玩笑 Joker
试探气球 Trial Balloon	故作惊讶 Flinch
假设问话 Hypothetical Question	还差得远 Vice
打包处理 Linking Issues	借机讥讽 Dunce
擅搭积木 Building Block Technique	肢体干扰 Physical Disturbance
请新面孔 New Face	出尔反尔 Re-escalation of Demand
神秘人物 Mystery Man	出格行为 Outrageous Behavior

|第十七章|

好的决策要避免心理陷阱

谈判是一个决策的过程，谈判者自己需要做出决策，也在不断地影响对方做出对己方有利的决策。我认为具有博弈特点的互动决策应该被严格定义为对策，而面对未来的选择叫决策。这一章重点要谈的就是，在做决策的时候，如何避免落入那些心理陷阱。

决策的框架效应

谈判过程中有决策自然就有对策。决策主要指的是超边际性质的决策。

首先，超边际决策体现的是结构性决策特点，是一种取舍选择。第二，结构性决策的主要决策因素具有无形化特点。第三，无形化决策特点受心理偏误影响。

超边际指一种结构性的决策选择，如“是”或者“不”，“做”或“不做”。选择进入哪个市场，创新和新产品的推出，与哪个供应商合作等，诸如此类的企业战略决策都属于这个范畴。这类决策初看上去有很大的主动性，但要把它做正确难度其实很大。它本质上是决策者和自己进行的面对一个不确定性的未来是对还是错的博弈。稍微严格一点就可以看到，所有的决策其实都是针对未来的，谈判也是针对未来的，既然未来具有不确定性，那么所有这些选择和安排其实都具有决策特点，而且是超边际特点。

第二，我发现人们在决策时往往会存在一个问题，我借用物流中的一个概念，叫作“最后一英里”，或者叫做决策的“临门一脚”现象。无论有多少信息、推理和计算，最后决策的决定性因素还是会归到人的胆识、情绪情感、直觉等主观因素上。有的学者认为如果没有情绪的理性，人大概是永远不会做出决策的，这是非常值得研究的决策话题。

超边际决策体现了基于无形化要素做出决策的特点。因为那些无形化不可量化的因素其实支配着我们的决策，而不可量化并不代表不可排序，而可排序性就可以让超边际的选择性发挥决策的作用了。

第三，不可量化的这些指标在其作用上也是受到心理的支配。这时候心理陷阱就起到了作用。之前在“波斯公主选驸马”的故事中，我们已经分析了不可量化的指标影响决策时的决策办法。我们看到如果我们以最优解为目标的话，“37% 法则”可以给我们带来 37% 左右的胜率，也就是做出最优决策的概率。实验和理论都告诉我们，目前没有更好的手段可以帮助我们提高这个概率[①]。但你必须知道，达到 37% 也是以你在决策时没有落入任何心理陷阱为前提的。如果你被任何决策时应该避免的心理陷阱影响的话，你连这个 37% 的概率也达不到。

如同后面我们讲到的“影响力”所揭示的，我们的认识，或者知识，会说明我们是如何将信息连接起来的。我们的认知其实受制于框架效应，而我们的决策就是基于这种被框架效应影响的认知为基础做出的。我前面说了，有限理性的具体表现就是这些心理陷阱。也就是说，主要影响我们认知形成的是**框架效应**。

下面我们就来谈谈框架效应。

同样一件事，即使本质相同也可以有不同的表达说法，但是也许换一个说法会得到完全不同的效果。诺贝尔经济学奖获得者卡尼曼就做了这样的实验。

某地正在发生一场灾难性的瘟疫，如果什么都不做，肯定会死掉 600 人。现在有这样几个方案供你选择：

方案 A：肯定能救活 200 人。

方案 B：1/3 机会能救活所有人，2/3 机会你一个也救不了。

问题：你会选择 A 还是 B？

①采用满意解的办法可以提高选择满意解的概率，不失为提高决策满意度的办法和手段。

方案 C：400 人会死。

方案 D：1/3 机会没有人会死，2/3 机会 600 人会死。

问题：你选择 C 还是 D？

实验发现，在 AB 方案之间，多数人选择的是 A。在 CD 方案之间，多数人选择的是 D。

那么我们看，AC 两个方案有什么不同吗？这两个方案其实是一样的，只是呈现的方式不同。BD 两个方案有什么不同吗？也没有。显然，是“救活”一词的“正能量”包装了 AB 选项，人们总是喜欢有确定性的东西，本能地回避风险，所以，多数人会选择有确定性的 A。而 CD 被包装成了“负能量”说的是“会死”的选择，人们选择回避有风险的 D，其实 BD 所代表的结果是一样的。

我们所说的影响力其实就是影响认知的能力。我们的知识是如何形成的？而这些形成的认识，又是如何影响我们决策的？这些，才是关键所在。

典型的决策心理偏误

多贝利认为，决策的心理偏误大多是基于确认偏误。何为确认偏误呢？我们接下来就具体来分解一下。

1. 思维懒惰：国情观，文化观

80年代，不少国人不能接受超市中由客户自己从货架上拿货的概念，认为这不符合中国国情。其实你可以这样来做一个实验，你挑选任何一个目前在中国发生的任何一个新生事物，你在脑子里做一个时空转换，把这个事物设想在十年以前的中国，你会发现这些现在司空见惯、习以为常的事物，在从前的某个时间点之前都会被大多数人认为“不符合国情”，或被套上不现实不落地等标签。

记得我在商学院时，Tim Divenny 教授曾谈到过这个话题。人们一般都会觉得相较于美国人的开放自由，德国人更加严谨保守。大家习惯于拿出两个国家的离婚率来做比较，美国的离婚率明显比德国的离婚率要高很多。用离婚率来证明文化的差别和影响简直太有说服力了，这明显就是文化差别！但是仍然有学者说：慢，先不要急于下结论。我们最好去比较一下在美国生活的德国人的离婚率和当地美国人的离婚率，如果有文化差别的话，这样的比较才奏效。之后等得到两组数据，研究者发现，两者之间并没有差别。研究人员随即开始研究为什么在德国的德国人的离婚率低于在美国的德国人的离婚率。结果他们发现，由于德国的女权运动发达，德国的法律也非常保护女性，一次离婚几乎可以让想离婚的丈夫破产。原来真相在这里！所以每次看到有人提到文化，我都希望将其所说的文化看成是一个认知现象，而我对造成这种现象的原因更感兴趣，这样更能让我们看到事情的真正原因。所以，我鼓励大家不要将视野只停留在文化上，每当我们试图用文化差别来说明问题时，就再问自己一次，到底是什么原因造成这样的“文化”？

用“文化”和“国情”来归咎大多数事物的原因，我将这样的思考方式归类为思维惰性。

2. 避免过度自信

研究证明，人做出正确决策的最优概率在37%左右，而且是在不受心理习惯以及博弈陷阱的影响下才有这种可能。心理学上说人普遍在决策时具有过度自信的心理偏误，因为人本能上喜欢找支持自己决策的证据和理由，这还只是自己给自己设的陷阱，不包括外围的博弈陷阱。所以，做对决策的努力并非是想不现实地提高成功率，比如想超过37%，这是徒劳的，而是要避免那些决策陷阱，而克服过于自信的心理陷阱就是要听反对意见。

这让我想起二战领袖丘吉尔的故事，他虽然是战时内阁的首相，但英国的战时内阁是跨党派的，反对的声音就容易被听到，这就避免了大的决策错误。所以，真正的领袖身边更应该聚集能提不同意见的人，这样就保证了任何重大决定的做出都必定经历了反复地讨论和不同立场的论战，如此领导在决策时就能不犯或者少犯过度自信的错误。

有人说，我听了这么多反对意见那还能做事情吗？对于决策的过度自信，需要说明一点，决策应该多听反对意见。但一旦做出决策了，就应该义无反顾。有人可能会觉得这有点难以把握。所以我要强调一下，决策本来就是面对未来的不确定性，本来就无法保证绝对的正确。在这个前提下，这样的原则还是可取的。

3. 沉没成本

沉没成本简单地说就是已发生的开支，即已经花出去的钱。在土地买卖案例中，买卖双方都知道土地在几年前的购买成本，但多数的学员都没有意识到这样一个问题，即几年前购买土地的成本是沉没成本，不应该影响你现在的决策。可仍有很多人认为不该以低于土地的购入价成交，甚至买方也认同这一看法，不管是忽略沉没成本还是“让对方吃亏是应该的”，这样的思考方式都是不符合商业逻辑的。他们不仅忽略了沉没成本这一概念而且也被定锚效应混淆了试听。商业逻辑不失为避免被定锚效应影响的一个办法。在这个案例中，土地的购买价就是一个沉没成本的概念。我们应该意识到，如果你没有理解沉没成本而继续被购买价影响了价格定位，你的谈判就已经犯了一个很大的错误了。就算你将其他谈判技巧运用得再成功，也终究难以弥补逻辑错误给你带来的损失。

正确的路径应该是这样的：卖方首先要明白这个概念，并且知道如何不违背商业逻辑。即心里要明确只要买方出价比手上的另一个报价高就可以成交；第二，卖方（销售）在明白这个逻辑的基础上，可以利用大多数买方（采购或客户）不懂这个逻辑的“漏洞”，利用当年的买入价让对方落入这个心理陷阱。

很多企业或个人都非常容易犯这个错误，再比如买股票当中也是不懂得该割肉时必须割肉的道理，感情放不下有时也是因为过去投入了太多而不能割舍，如同销售往往也会因投入太多而无法放弃一个没什么希望的单子一样。

4. 个人贡献放大偏误

我有一个观察，在一个合作的互动中，特别是团队贡献，每一个人都有夸大自己的问题。有很多实验已经证明，一个团队环境中，个人的贡献付出会比单独的时候要小。我觉得一个是激励的问题，还有一个是合作也是需要付出协调成本的。

不过我要提出的是另外一个现象：如果在一个合作的环境或者项目中，让各个成员对所有团队的成员或者部门的贡献互相打分，就会发现，自己或自己部门的贡献的评分加在一起，一定会大于100%！因为每个人都一定会夸大自己的作用。这个现象是很重要的，可能大多数人并不是故意夸大自己的贡献，而是真心地认为自己的贡献就是那么重要。如此一来，一旦回报或激励不够（一定会不够），就会引起不满，就会影响士气以及合作的氛围。

5. 对比法则

知乎上面曾经有过一个讨论：香港的超市中橙子是论个儿卖的，无论大小都是一个价格，这是怎么回事？这样的销售法在大陆为什么行不通？很多知友都纷纷提出了见解，有人甚至指出这是因为大陆的公德或者文化与香港不同。我认为这种卖法是有一定的道理或玄机的。当一个顾客在香港超市面对一堆大小不一的橙子时，这可能激发人们怕吃亏喜欢赚便宜的心理。一个人会觉得如果买到其中最大的就是赚了便宜。当第一个人把最大的几个挑走后，下一个顾客其实还是面临一样的情形，这名顾客又会把其中最大的那几个拿走，而其并没有看见更大的已经被拿走了。依此类推，这堆橙子会很快被销售一空的。反过来，如果这些橙子都大小严格一致，顾客心里会觉得现在买和之后买没有区别，那么赶紧决策购买的决心肯定是不够的。这里面揭示了一个道理：有比较的时候人们才会做决策。所以，我鼓励销售不要怕有竞争对手，你的客户有了比较才好决策，如果没有比较，客户就不容易决策。有的时候可以主动给客户几个方案做选择。

学界研究发现，房产中介销售带你去看的第一套房子往往不是他们最想卖给你的，往往第一套是价高质次，第二套则稍好，第三套是价格和质量都好的。有人称之为陷阱定价。

6. 避免敌戒心态

我们往往戒备心太强，你明明需要别人的帮助，却又怀疑别人。虽然我们知道信任是有基础的。但你总是假定对方是敌人，也是非常不合适的。在中国，大家受商场如战场的影响太深，在很大程度上影响了商业的合作。也正因为此，谈判时候藏着掖着太多，为日后的商业纠纷埋下了隐患和伏笔。

其实有竞争对手是好事情，证明这个行业有着足够的吸引力，互相竞争是一个互相学习的过程。

我家对面有一个全家超市，买日用品非常方便，但让人不解的是里面居然还有一个玩具专柜。我儿子总是喜欢拉我去店里，因为他惦记着店里的乐高玩具。有一天，我们一家三口回家，当把车开进地下车库时，我突然想去超市买一罐牛奶，于是让儿子跟他妈妈一起先上楼回家，但他坚决要跟我走。我当然知道他的小心思，但还是故意问他："你为什么不跟你妈妈一起先上楼啊？"他回答说："爸爸，因为我怕你孤单。"天啊，即使这次他不是为了买玩具，我也一定会主动帮他买喜欢的玩具了。

7. 避免贪婪

最后一个，也是最重要的一个，就是决策时人需要克服贪婪的心理。贪婪会让人犯很多决策错误。我在课堂上总是提醒学生，真正聪明的人在合作类的谈判中，最聪明的做法是要让对方觉得赚了大便宜。这是我的同事胡鹏，一个非常优秀的投资经理的经验。我觉得这里的道理是非常深刻的。

很多生意人陷入官司或麻烦，其实都和之前的贪婪之心有关。因为有的时候，一个想买的前景显得太诱人了，这时候，人的过度自信心理会进一步鞭策贪婪之心，甚至置侵害一部分相关利益方利益而不顾，以为这样自己就可以独享好处。人就是有意思，当他认为好处是确定的时候，就希望独享好处，而好处不确定有风险的时候，才会想到找风投，让别人分担风险。

很多官司，或者商业纠纷之所以说不清楚，就是因为当初想赚别人的便宜所致。

以上只是举出几个特别重要的作为例子，其实决策要避免的心理陷阱有很多。比如竞争假定过快假定、冲突升级、赢家诅咒、幸存偏误、直觉偏误、精确偏误、路径依赖、报复动机、沉没成本、不确定性、信息不对称、无形化、有限理性……这些都是妨碍我们做出最好决策的障碍，如果我们可以克服这些陷阱，那么我们之前学习的决策的手段才可以起到作用。

决策心理陷阱告诉了我们两方面的问题：一，我们应该有意识地规避这些心理陷阱；二，这些心理陷阱会被谈判的双方利用以影响对方。那么如何影响对方呢，下一节我们就要讲到怎样影响对方的决策了。

怎样影响对方的决策

影响是指影响我们的知识形成，而形成的知识又会指导我们的决策，决策的心理陷阱主要指这些“被形成”的知识如何影响决策的。当然，影响可以是正面的，也可以是负面的，比如有人上钩和给人设套等，工具都是一样的，可以给好人用也会被坏人用。一方面我们可以主动用来影响别人，也可以学会了以后避免被影响。谈判技巧和销售技巧都是建立在这些心理偏差基础上的。

我们都知道，人是会被影响的。首先，我们人的认识是如何形成的，这是一个“影响力”的问题。然后，形成的知识又会指导我们的决策。对此意大利著名心理学家乔尔迪尼的研究总结出了影响力的六大法则。

其实，六大影响力法则都源于最基本的框架效应，这说明认识的形成与信息是如何呈现或者信息的呈现方式有关。当然，如同多贝利所说，这些效应都是网状的，互相联系的。

同样一件事，即使本质相同也可以有不同的表达，但是换一个说法可能会得到完全不同的效果。我认为这个话题和有限理性话题是同构的，我们的有限理性说的就是人在决策时的系统性心理偏误。在决策时，这是系统性偏误，但放在我们决定我们决策的心智模型上，那就是影响力。

在这一节，我主要介绍西奥迪尼（Cialdini）教授的六大影响力法则。我总是告诉学员这六条法则不仅好记而且好用，当你准备演讲或汇报时就可以对照一下，如果你的稿子里没用到这六大法则中的任何一条，这就说明你需要再好好准备一下了。我相信，如果你用上了其中的任何一条，都会是一个成功的演讲。

如今的广告到处都在使用这些技巧，你同样也可以学会利用这些技巧来提高自己的个人成就。

1. 互惠性

互惠的作用是这样的：你免费给某人某件有价值的东西，那么这个人会觉得有义务回报你。

互惠是最有效的施加影响和让人顺从的武器之一，我们会想要以某种方式回报别人给我们的东西。

如果别人让步，我们也有义务让步。让步使对方感到对结果有责任，并且对解决办法更满意。

曾经有一家规模最大的互联网服务提供商免费赠送数百小时的服务，也有最大的饼干公司免费赠送饼干，都是利用了互惠的营销手段。但是如果你知道有多少公司完全搞砸了互惠营销，你就会大吃一惊了。出现这种问题的原因是他们可能不理解“免费”的概念，又或者是对互惠的原理没有充分的信心。

例如这个宣传：“订阅本杂志两年，免费赠送照相机”。这其中的暗含意思不是免费的。再比如“承诺使用一年，免费安装”，这也不是免费的。客户又要花钱又要承担义务，这样很难有销售量。所以窍门是创造出潜在客户认为具有较高价值，而你却不用花钱或少花钱的东西。

2. 稀缺性

对我们来说，机会越少越珍贵。

稀缺的作用是这样的：物以稀为贵。这些如果没了，那就再也没有了。“紧迫性”暗指稀缺。例如，“本活动仅限一段时间内有效”。

许多人追求古董、藏品和纪念物，仅仅因为这些东西很少，这正好说明了稀缺原理的有效性。稀缺很多时候是人为的，例如某家公司推出“限量版”。

例如，迪士尼发行了某个经典故事的限量版。是的，相对于生产多到卖不完的拷贝产品而言这的确是限量的，然后“窖藏”起来，过几年再从仓库中取出来卖，这个做法真是帮了我们大忙。

稀缺是非常有效的影响工具。实现稀缺效果的途径有很多，你可以生产限量版，或者对信息产品等商品采用限时供应的形式。

3. 一致性

我们往往有一种近乎强迫症的欲望，就是要和已经做过的事保持一致。人们通常认为连贯是长处，而把不连贯理解为弱点，并且我们都想显得品德高尚。因此，公开的、主动的、需要努力的承诺通常能维持很长时间。

要利用连贯性，需要让对方朝着一个目标迈出一小步。例如，你可以让他们索要免费资料或者填写调查问卷。一旦他们朝着你设定的目标迈出了第一步，就相当于做了一个承诺，不管有多踌躇他们都很有可能再迈一步。

调查问卷就是利用连贯性作为营销工具的例子。通过选择一些方框或回答一些问题，潜在的客户朝着一个承诺迈出了第一步，而调查问卷反馈给他们的结果就是要诱使他们迈出第二步。

4. 公认性

我们用来判断某件事是否正确的方法之一就是看别人是否认为其正确，也就是说一个想法得到越多人的认同，这个想法就越正确。社会认同涉及舆论压力——让潜在客户相信“所有人都在这样做”。每个人都在排队买你的产品，不可能所有人都错了，因此你的产品肯定好极了！

当然，足够聪明的人知道所有人都错了的情况是存在的：所有人都认为SUV是安全的座驾（结果翻车了），所有人都认为投资安然能赚大钱（结果破产了），所有人都认为伊拉克有大规模杀伤武器（嗯，可能不是所有人）。但这就是事实，因为有太多人都不会独立思考，他们会犯人云亦云的通病。如果“这是席卷全国的新热点”“人们成群结队地报名参加”“大家都觉得不过瘾”“创纪录的销量”“让人难以置信的反应”以及“加入数百万的聪明消费者”，等等。这些标题再加上一张一大群人排长队的照片，那么这就是一段非常有力的舆论信息了。

5. 权威性

我们骨子里是深信权威的。测试显示，成年人会在权威的指示下做出极端的事情。权威的建立可以通过头衔、制服、服装、显示地位的附属品等。权威的运用,就是要让人相信某个知识渊博或知名的人士也在使用你的产品或服务。如果这些有影响力的人也在用你的产品，那说明它肯定是棒极了！

权威越高则传递的信息越有力。例如，医生是权威，“大多数医生用泰诺治疗关节痛”。大型机构是权威，“国家心脏协会认为——桂格麦片对心脏有益”。联邦政府是权威，“美国食品和药物管理局认为全麦面包是完整膳食的一部分”。

利用权威原理的广告大多数都是断章取义和夸大其词的，甚至有些广告使用完全虚假的“权威”来混淆视听。比如“我的狗粮是国际犬只营养学家协会推荐的”，事实上这个协会或许上周才成立。不要使用假的机构、假的研究，也不要断章取义或者夸大其词。如果你能找到一个相关的适当的权威或研究，并毫不夸张地引用他们的话，那么你就能非常有力地传达权威信息。

6. 相似性 / 喜欢

我们更愿意对我们认识和喜欢的人说好。“亲密”“喜爱”都描述了人与人之间的联系，但是一个简单的“喜欢”却最能传情达意，因此这个词成了社会科学文献中的标准名称。

让人顺从的因素有很多种：如意见、生活方式、背景、个性的相似；熟悉程度和联系；为了共同的目标合作；外表的吸引力；成功、赞美，等等。

以上我们分析的就是六大影响力法则在实际运用中所产生的效果。在生活中当我们遇到难以解决的难题时，很容易希望能有个专家站出来告诉我们答案；我们很容易怀着回报之心，希望回报别人对自己的恩惠；受从众心理影响，我们对大家都选择的事情习惯性不做思考；我们更容易对自己了解的人或者喜欢的人说“是”……但关键是，我们要学会判断影响所赋予事件的价值。

|第十八章|

我们该如何思考

我希望本书的每一个话题，都是建立在一个可以说得清楚的思考框架上的。如同培训课上的经验，老师不能只是分享一些经验和案例，而更应该教给学生分析的方法，这样的学习才是有意义的。其实很多时候我们对事物的了解之所以出现偏差，并非我们不够聪明，而是方法不对。

分类是分析的开始

对任何一个问题而言，都应该有一个适合分析对象的思考框架。

中文的“分析”一词本身就很有意思，“分”就是指如何分解或者分类某一现象。同一个目标事物，比如同样对象是人，不同目的的研究领域会有不同的分类法，切入点不尽相同。医学把人分成病人和健康人，再分成具体的科室；行为风格分析将人分为 DISC 四种类型等；公司分类中可以有投资人和管理人，员工和经理；航空公司把旅客分成商务旅客和休闲旅客；新古典经济学分消费者和生产者；制度经济学把人分成委托人和代理人。当然，每一个类别还可以进一步细分，这里就不赘述了。

总之，你感兴趣的事物对象总是会有一系列的特点属性是可以观察到的。按照这些特性，你就可以对事物进行分类。分类在统计学中属于描述性统计（Descriptive Statistics）。往往我们会有这样的体会，分类过程本身就已经解决了很多我们需要分析的问题，因为你会看到不同分类的群体各自具有显著的代表性的特点。

多维度看问题才能称专家

也就是说，如果只从一个维度来看待某一事物的话，肯定是不全面的。比如我们只是把人分成男人和女人远远不够，还可以按照需要分成已婚人士和单身人士，这样就有了四个分类，如此一来被分析对象的信息就会更具体，所以分析问题起码需要两个维度。这样的分析可以用矩阵来表示，矩阵的两个维度代表一个现象或事物的两个重要方面。比如我们对消费者的分类就有男女的消费行为的区别，也许男女又分别按照收入水平来分类。通过二维矩阵我们就有了最初的四个象限,进而可以有针对性地找到两方面之间有价值的关联与特点。分类细化以后，我们对于一个事物的看法就会变得更具体也更具有针对性。

一个人对于事物没有建立两个维度，说明他还没有就此建立一个真正的分析框架，他对于该事物的话语权就只能流于普通，更称不上专家。作为专家，不仅要建立多维度的分析框架，该框架还必须合理有效。当然，建立的矩阵是否合适还取决于分析的目的和能力。

早期的采购管理采用的是 ABC 法，就是将一个企业的开支按照 ABC 分了三类。A 代表的是企业大的开支项，B 是中类的开支项，C 为小项。这个分类法将企业的开支和采购管理提升了一个层次，让经理人员知道要把工作重点放在大类上。

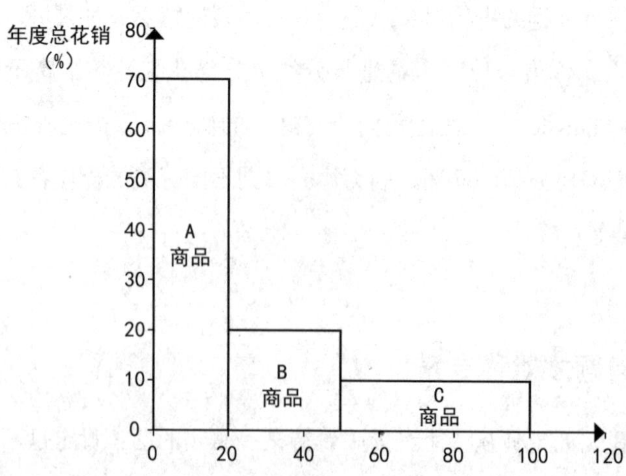

ABC 分类法

彼得·卡拉杰克（Peter Kraljic）发现这样的分类其实还可以更进一步，而进一步应该按照什么方法来分呢？他提出可以根据供应市场的竞争程度分类，就能更有目的性且有效地管理开支。这就是在 ABC 分析的基础上增加了一个维度：市场风险（如上图），这个分析就带来了一项开支管理的革命，使采购真正成为一个专业而不只是一个功能部门。

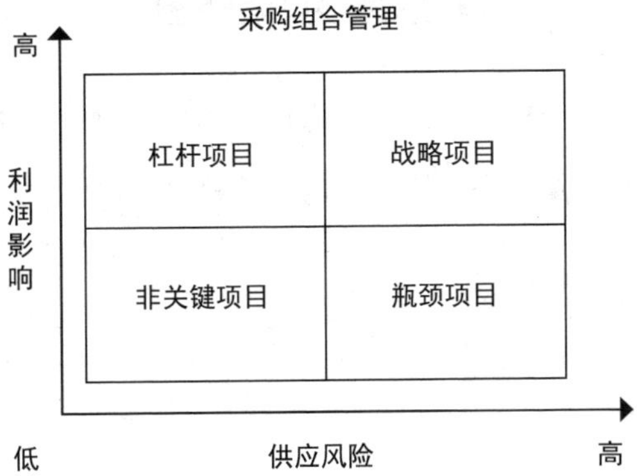

企业采购或消费行为分析最重要的工具——卡拉杰克（Kraljic Matrix）矩阵

这是反映企业消费或开支行为的矩阵，通过采购的重要性与供应风险两个维度反映采购项目的开支大小规模与供应市场的特点。

建立二维分析框架，本质上是找到事物的两个属性。比如我们研究客户，就可以按照其消费习惯、其所有权性质或行业等维度来进行分析。可以这么说，二维矩阵的主要价值在于正确和有效的分类，并且矩阵的方法可以进一步细分。就像 ATK 公司在 Kraljic 基础上发展出了 64 个采购策略，分类正确以后，进一步的细分总是可以给你更多的惊喜。我们不妨试着来细分一下。

产品组合——买方的看法

· 对利润影响大
· 没有供应市场的约束
· 标准规格

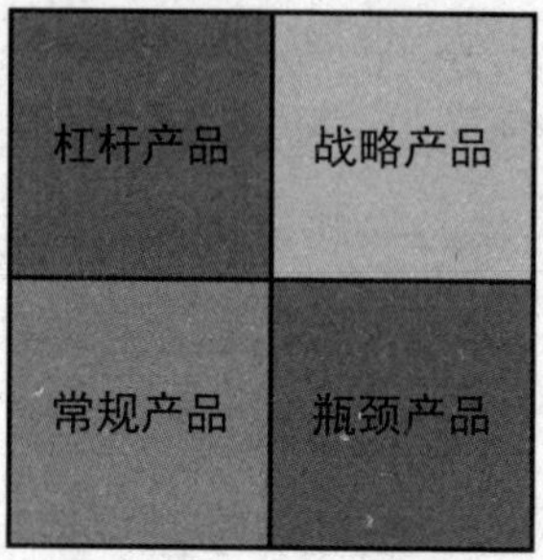

· 你的主要采购
· 大批量
· 成本是关键
· 质量和可获得性是关键

· 低价值物品
· 替代品众多
· 常规采购
· 你的大多数物品
（一般费用）

· 易受影响
· 配送脆弱
· 风险管理
· 需要好的规划

企业对它的客户分析也是一样，可以分为两个维度：重要性和吸引力。即按照客户对公司的重要性，比如利润和战略的贡献大小来分析客户对你的吸引力。

关联性不代表是因果关系

我们生活的世界中信息之间是有关联的，找出信息之间的关联关系就是信息转变为知识的过程。每一个维度其实就是一个变量，矩阵上的两个维度代表的变量本身也会受到很多变量的影响。

动态分析首要条件是验证两个变量之间是不是有关系，然后再来看是不是存在因果关系。我们的目的是为了发现因果关系，以此去影响变量的结果。比如，如果广告投放量会带来业绩的增长，那么我们就知道应该通过广告投放来发展业务。统计学的功能就是帮助我们验证变量的相关性。

“回归分析法”只是统计学分析法的一种

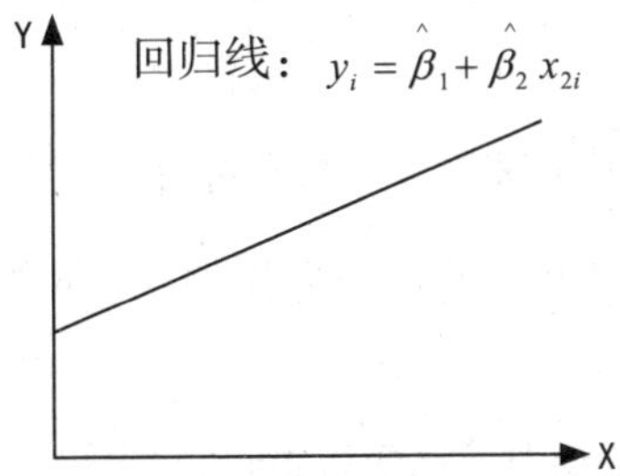

双变量线性回归模型

回归分析是一种分析工具，这是最简单的方式，也是技术上最好处理的方式。回归分析假定变量之间是一个线性的关系。我们找出任意两组变量，都可以用回归分析来测一下关联关系的强弱。这是简单的一对一的关系。假定有了一组相对应的数据，即一系列的观察 (observations)，每一个观察都有两个变量，比如广告投入费用 X，销售额 Y。

统计学的回归分析其实问了一个问题：我们是不是可以用一个直线关系，或者线性关系来表达变量之间的关系呢？如果答案是可以的，那么回归分析就上场了。回归分析就是说，我们假定 XY 之间是直线关系，事情就简化为中学生就懂的数学了。回归分析通过统计学软件的“数据分析”功能，产生一个报告，其实这个报告就是告诉你，在多大程度上它推荐的这个直线关系是可以解释数据之间的关系的。

做一个比喻，现在很多女孩子在微信上的头像都喜欢用美颜照，就是我们常说的P过的。那么如果一个有着网红脸头像的女生在微信上对一个男生示好，这个男生看着这个头像，心里会想，这个头像在多大程度上可以代表这个女生真的模样呢？这个 P 过的头像其实就是回归分析推荐的这条直线，男生的问题其实就是问了一个统计学问题，这条直线多大程度上可以解释 XY 之间的关系呢？如果 P 值很低，只有 0.01，那么说明这张图和女生的颜值是很接近的，男生应该感到没有风险，可以放心地去约会了。是不是觉得很巧呢，统计学分析报告中最重要的也是P值！没错，里面的道理还真是很接近的呢。所以我们说：

关联关系并不代表有因果关系

互为因果—先有鸡还是先有蛋

统计学要做的就是希望去了解变量之间的关系，比如投入多少在广告上会带来我们期望的销售额，那我们就希望建立广告费用投入和销售额之间的函数关系。复杂的世界变量之间往往不是线性的，无论真实世界在多大程度上偏离线性，数学家和计量经济学家都在研究能够接近事物发展的规律，更高级的非线性的函数也可以选择。说到底，我们人类就是用各种可能的办法去凑这些关系。

效用递减

那么接下来，我主要来介绍两种非线性关联关系。

第一种是效用递减。我们知道对一个企业来说，市场的广告投放对于推动销售额是有帮助的，但投入到一定程度以后，推动作用就开始呈现递减的下降趋势，甚至会出现利润的负增长。

我们可以做的就是分析关系之间的效用递减，也就是说一个自变量增加到最后，对因变量的影响开始变小，直到消失。这样的关系就很影响优化投入的价值。如之前介绍的广告投入。这个规律是具有普遍意义的，也是决策者需要去关注的地方，而不是停留在线性关系上简单地理解和解释。

两难境地

第二种是两难境地。价格和质量问题是一直困扰着谈判人员的两难问题，因为一旦价格过低就会影响质量。我认为，我们对变量之间关系分析的关键是要抓到事物的两难。只有当看出事物存在的两难时，才算看出问题所在。我想只有抓到了事物的两难境地，才是真正考验决策能力的时候。

从学术或思考层面来说，只有找到了事物的两难关系才能建立分析模型，知其取舍关系。

企业的财务功能也是可以这样分类的，一个是追求利润，一个是管理风险。追求利润到一定的程度时风险就会增加，此时就出现了两难。就拿家长对孩子的教育来说，适当的补习对提高学习能力一定是有帮助的，但补得太多也会使孩子对学习产生厌恶心理。对于管理人员而言也是如此，他们要做的决策就是在两难之间做出取舍。

无形变量很重要

我们之前所说的都是有形变量，就是指那些可以测量的变量。另一种变量，我们姑且称之为变量，这种变量是不能被直接观测到的，也是无法直接测量的。

有人以为万事万物只要想得到的就都可以直接测量，他们相信只要科学继续发展，即使今天无法直接测量，终究会有一天能够找到测量的办法。然而有些变量或概念也许压根就不存在量度的方法，这就是有形和无形的区别。那些直观上就可以想象出被测量的东西大概都已经被研究透了，而你感兴趣的可能都是没有直接测量方法的，这就是知识无形化的概念。

比如奢侈品卖的就是一种“感”，这种感觉是无法直接测量的，但是你能感觉得到。又比如气质、风度等。

我们对于那些无法直接测量的变量，可以通过关联性找到与之相关的可测量的变量，通过可测变量来间接推算你关注的变量的影响程度。

比如里皮带领中国国足战胜了韩国，这是国足在正式大赛中第一次战胜韩国。有人认为韩国国家队是输给了里皮，而里皮教练确实和之前国足的教练不同。但是里皮到底不同在哪里呢？有人说是魅力，有人说是战术，而这些都不具备直接的数据和量度办法。

说到底，变量之间是有相关性的，所以一个变量的变化其实也代表着影响变量的变化。因此我们对于那些没有直接测量关系的变量，可以通过关联性找到与之相关的可测量的变量,通过可测量变量来间接推算你关注的变量的量度。

方法论的有趣之处在于你可以想到或找到对一个变量或概念的间接测量。

举例来说，交易费用作为一个很重要的经济学概念是无法度量的，但它的存在会影响制度和合同的安排。于是经济学家放弃直接测度交易费用的努力，转而讨论交易费用高低变化对经济制度和经济活动带来的影响。对无形资产的定价也是类似，你很难给一个聪明的创意或设计定价，但却能将这个设计转化为产品，而产品的定价就相对容易得多，那么去掉其他成本后的剩余就是给当初那个创意和设计的定价了。

所以，企业制度就是给企业家创意或资产的定价方式，而利润反映出的就是给企业家商业智慧的定价。再来说道德风险问题，其实就是有意识的没有尽责故意偷懒的现象。但如何测量类似职业经理人的道德水平呢？道德风险的效果最后会反应在工作效果上。

当然对于我们一般的科学分析、MBA 课程以及管理上的实际问题，线性回归分析就应该足够了。对于大多数企业高管而言，如果你在你的数据分析中放一堆图标和几个参数，他们肯定很容易被你说服。作为管理人员，我们应该知道的是回归分析等于是在用线性来代表关系，关键只在于多大程度上你会相信一条线告诉你的关系。

既然无形变量无法直接测量，前提和假定的重要性就凸显出来了。回归分析的线性假定就是一个关联关系的前提假定。我们知道世界上事物之间的关系其实是非常复杂的，我们知道如黑天鹅效应、蝴蝶效应，等等。世界现象之间的真正关系可能只有上帝知道，人类可能永远无法精确知道这里面到底是什么关系。即使有函数表达，可能也会非常复杂，又或者这根本就是连人类的数学函数也无法表达。

真知识还是假知识

中国人说知其然知其所以然，说的就是要了解一个关联性的前提。对于任何理论框架或科学工具，你对它真正掌握的标志是知道它们的局限性。这是中国教育中比较忽视的部分。

比如回归分析，它的假定是一条直线，它不可能完全代表我们需要了解的现象，这个现象的完全真相大概只有上帝知道，这就是回归分析的局限。

新古典经济学的供求关系分析，是在假定了分工的决策已经做出了以后进行的，是一个边际优化的思路，这是它的局限性，也是它不能解释中国经济制度性改革的结构性问题的原因。

成本分析（Should cost analysis）也是一样，只有那些有统计的才可以用这个方法，否则你算出来的就只是一个行业的参考值。除了卖方自己，买方对于供应商产品的成本构成永远只是一个用来参考的估计值。

我们前面介绍的互动矩阵，也存在无法处理互动关系的重复性的问题。任何一种理论或分析工具都存在自己的局限，你只有知道了局限，才能算得上理解了这个方法。

因为每个人对一件事物的认知观点都存在不同的假设前提和局限，一个认知要得到 100% 的人的认同是不可能的事情，任何获得 100% 人认可的一定不是道理，这是不可能也是不应该的。任何不存在前提而普遍适用的肯定是没有价值的东西，甚至可能是很有害的东西。思想必须是有争议的才称其为思想。所以，每一个人都不应该宣称自己拥有绝对的真理。

远离破坏你思考的语境、流行词和成语

所以很多时候，我们很容易陷入思考的误区和错误的语境中。

语境指的是交流过程中某一话语结构表达某种特定意义时，所依赖的各种

表现为言辞的上下文。它既包括书面语中的上下文，也包括口语中的前言后语。其实我们使用的每一个概念都有自己的语境。一个词在中国的含义和它在其他文化里的含义很可能就是完全不同的。

比如中国的读书人喜欢称自己为知识分子，而“知识分子”这个外来词在英文中就有着严格的定义，即具有独立批评性的学者，经济上不依附任何机构或势力，并具有专业性的独立见解才能被称为知识分子。另外，这个词在社会地位上并没有高人一等的意思。但在中国就不一样了，知识分子是相对于没有专业知识的普通人而言的，它带有很强的精英色彩。

我们往往会听到很多国人对于比较新颖的观点会用“偏激、极端、片面”等词语形容，这也反映了中国人被中庸思想以及辩证法思想的影响。而从专业化学术自由的角度来说，有价值的都是那些新颖的东西和想法，四平八稳面面俱到的大多是最最平庸的东西，这就有语境上的问题。

“极少数”也是一个常常被使用的词语，往往隐含了可以被忽视或者被剥夺权利的不平等之意。但从社会的包容性角度来说，极少数人和大多数人的权利应该是平等的。

此外，滥用流行词也是当下的一种普遍现象。

我不喜欢用流行词，英文叫 Buzzword。

这是一个流行词盛行的年代，大多数人喜欢使用它们。但我认为，用流行词的人往往缺乏思维能力。大多数人会混淆流行词和真正给予我们思考的理论。流行词的例子有“全球化”“可持续性”“资产泡沫”“变革”“正能量”“中国梦”等。我不会发明新词，写作时也拒绝使用流行语，当然也不参与包含流行语的话题争论，原因如下：

第一，流行词的问题在于它们都是因人而异的表述，每一个人都可以将自己的理解加入其中，令沟通变得没有意义。

第二，流行词会导致思维懒惰。因为人往往会停留在流行词的层面而不会深入思考并了解现象下的真实原因。

第三，流行词仅限于对事物和现象的肤浅解释和描述。谈及流行词盛行的原因，我觉得主要依托于当下的自媒体时代。这个群体主要是一些自媒体网红、各类所谓的教授、90后小编以及各个管理咨询公司，他们或许没耐心做功课，功力不够学问不深，又急于显示自己的与众不同试图发挥自己的影响力。

下面我列举两个时下的流行词谈谈我的看法。

一个是“狼性文化”。这两年很多企业在公司内鼓吹“狼性文化”。一方面这种说法的含义不清楚，可能说话人的本意是希望员工有执着、主动、坚毅、勇敢的精神，其实勇猛的特点在狮子老虎身上也可体现，不知道狼有什么特殊的地方。另一方面，也鼓励了不讲人情不择手段的价值取向，这样的语境显然不符合正常的人际交往。

另一个是“正能量”。这样的词语本身是完全违反科学常识的。因为能量本质上是不分正负的，而且正负的定义完全取决于说话人本身的价值取向，这样的词语是不利于讨论的。

彼得·蒂尔（Peter Thiel）说过，我被问到最多的一个问题是技术领域的趋势是什么？我不觉得自己是个预言家。硅谷的确存在一些热词，例如教育软件、医疗健康领域软件、SAAS、大数据、云计算，我的观点恰恰相反，我认为好的公司是绝对不会用这一连串的热词的。而最好的公司，我们一般是找不到最佳的词语去描述它，或者即使有词语去描述他们所在的行业，这些词语也是把他们归分在了错误的行业里面。例如人们会认为谷歌是搜索引擎，而事实上，谷歌是第一个以机器为主导的搜索引擎。这个分类在谷歌之前是不存在的，而你必须要认识到谷歌的这个秘密才能判断它与其他公司的不同之处。

说完流行词，我们再来说说老生常谈的问题。

老生常谈最典型的表现就是成语，它本身的意图是基于经验说明一个事物的特点或规律。如果应用于文字工作、语言工作、表演工作、辩论比赛，是可以增色不少的。但大多情况下，我们批评老生常谈是因为它往往没有交代观点的前提条件。即便在辩论中这种论调能为你的观点增色，但它却不能代替推理分析本身，也不会交代本身成立的前提条件。而且这些老生常谈的论调本身的逻辑严密性仍有所欠缺，当然也就不利于深入理解问题，更没有学术思考价值。但使用成语是一种沟通技巧，我们也叫谈判技巧，在心理学上称为“故事偏误”，可以让听者觉得你的观点“有道理”，但其实是一种有意识的误导。不过，人更容易犯的错误往往是误导别人效果没达到，自己却被自己误导了。

我来例举几个常见的老生常谈：

“没有调查就没有发言权”。仔细一看，其实发言的权利是不应该被有没有调查的事实而剥夺的，因为有的事情运用逻辑推理就可以知道对错。

“顾客是上帝”。这是大家时常放在嘴上的，但其实只有能给你带来价值、带来利润的客户才是上帝。

“服务要做到无微不至”。服务是要区分体验类还是标准类的，就像你不会走进麦当劳要求来一桌满汉全席。

“细节决定成败”。如果你的决策不对，细节做得再对又有什么用呢？

“没有买卖就没有伤害”。当然这样说并没有错。但我仍要求自己的学员继续挑战一下自己的思考方式，不要停留在大多数人的思考水平上。比如对拐卖妇女儿童的罪恶的管理是惩罚买家还是卖家更有效呢？

“创业难守业更难”。这是很多人在分析一个企业失败时首先会说出来的话。创业和守业其实很难分出难易，守业时遇到的问题可能是创业时埋下的种子。这能解释诺基亚的失败吗？创业多为战略选择问题，守业则是经营问题，无法区别哪一个更难。

“鱼与熊掌不可兼得”。本来这是一个很好的超边际决策的道理，说的是两难困境。但如果从优化理论角度来说，要一个由一半熊掌和半条鱼的组合，可能是一个最优的结果。这样一来，这个道理的说服力就被打了很大的折扣。

“兼听则明”。近来行为经济学发现，人在决策前要兼听，但一旦决策后再兼听就是决策大忌。我的感觉是兼听不会帮助你形成自己的观点，也形不成特色。

不知道前提只背成语就是查理·芒格说的假知识现象，所以他提倡把知识分为两类——真知识和假知识。那怎么区分知识的真假呢？查理·芒格认为，你了解一个知识的发生条件和前提，这就是真知识；不了解知识的前提和条件，这个知识就是假知识。

结束语

从工具理性到价值理性

自去年开始梳理我的学习笔记，到今年年初我开始动笔写这本书，一方面是想将这些年对谈判和决策的思考做一个阶段性的整理和总结；一方面也是为了提出一些具有思考和启发意义的问题。

我尝试着将谈判和决策放在一个非常现实和挑战的背景环境中来剖析，就是必须面对现实的问题，这也是几个学术界已经开始讨论的重要话题，比如信息的不对称、知识的无形化、世界的不确定性、人的有限理性等。最初下笔时想写一个像教材一样全面的工具书，但又觉得那样做会冲淡了我突破创新的想明确表达的内容。比起面面俱到，我觉得观点明确，让读者知道我提出了哪些新的观点才是我最应该做的，这也是我的追求。

在书中，服务是我着墨较多的一部分，因为服务最能体现出信息不对称和价值无形化的特点。当然，产品现在也是靠服务来实现整体方案的差异化的，但服务对于有限理性和不确定性则显得更敏感，也更重要。

对于有限理性的心理陷阱，由于它的影响是渗透在谈判和决策以及谈判技巧的各个方面的，所以我有意穿插着来写的，这样更有针对性。六大影响力法则其实就是有限理性的一个子集，也是技巧，既影响谈判也影响决策。

关于杨小凯先生超边际思想的未来，我本来想含蓄地介绍下，后来再三考虑，觉得还是有必要把我的观点说得更明白些好，这样也更负责，更有意义。

书写到这里终于可以画上一个句号了，其间的调整与思考之艰难，很难与人说。当然，我不敢说这里面剖析尽了所有在谈判和决策中所出现的互动问题，因为每个人都不可能穷尽这世上所有的知识。我能努力做到的，只是尝试着从自己独特的角度看世界，这才有了自己特点的视角和感悟。这些结论和心得不会也不可能是全部正确的，但我希望读者能觉得它们有趣，能激发读者对这些问题的思考、讨论和批评，这也算是我的微薄之力了。

美剧《美国谍梦》中，当伊丽莎白告诉牧师Tim自己的困惑时，牧师让她去祈祷，但伊丽莎白说自己并没有宗教信仰。这时牧师对她说的话是：这些其实都不重要，重要的是你自己。这句话，也是我想带给诸位读者的——重要的是，你们自己如何理解。

写这本书的过程我产生了很多新的问题，哈耶克、索罗斯等强调不确定性未来的思想家不怎么喜欢均衡，那么均衡思想和不确定性思想是不是不相容的？如果长期重复互动的博弈会内生道德和诚信，那为什么中国人又有一句古话叫“人之将死其言也善”？如果说英国的中世纪长期的农业社会孕育了企业精神和宪政精神，那么中国也有数千年的农业社会，为何发展的路径如此不同？合作虽然是人类社会的主旋律，但一定比不合作具有更高的道德价值吗？竞争给消费者带来了利益，但价格竞争又伤害了行业的利益，在考虑了不确定性这个因素以后，这之间还会有平衡点吗？价格越低需求越高的关系成立吗……

在目前，行为经济学心理偏差和个性风格特点，如DISC之间的关联，应该是我进一步研究的对象，但在不确定性对于我们在决策和谈判的影响的话题方面，我仍然会继续我的思考和求索。

如果这本书中的观点有任何让您觉得受益的地方，那只能归功于这些影响了我的思想巨匠：哈耶克、维克瑞、艾奇沃思、张五常、杨小凯等；如果您感觉任何地方或观点让您有了不能苟同的地方，那责任都在我身上。

当然，有很多问题，影响因素肯定来自于方方面面，我能做的就是择取某一个角度来分析它。比如合同，我是从一个博弈论模型，从合作的得益以及不合作的惩罚等方面做了探讨。单就这一问题已经有无数的学者做了研究，所以我无能也无意重复前任的工作和观点，只是希望从自己的一个角度起到一个添砖加瓦的作用。

但无论如何，我是怀着感恩的心，分享我的心得，将这本书献给您。

王 珞